메시지 | 사도행전

THE MESSAGE: Acts

Eugene H. Peterson

The MESSAGE
사도행전

유진 피터슨

복 있는 사람

메시지 | 사도행전

2019년 12월 20일 초판 1쇄 발행
2023년 6월 19일 초판 4쇄 발행

지은이 유진 피터슨
옮긴이 김순현 윤종석 이종태
감수자 김영봉
펴낸이 박종현

(주) 복 있는 사람
주소 서울특별시 마포구 연남동 246-21(성미산로23길 26-6)
전화 02-723-7183(편집), 7734(영업·마케팅) 팩스 02-723-7184
이메일 hismessage@naver.com
등록 1998년 1월 19일 제1-2280호

ISBN 978-89-6360-335-3 00230

이 도서의 국립중앙도서관 출판예정도서목록(CIP)은 서지정보유통지원시스템 홈페이지(http://seoji.nl.go.kr)와 국가자료공동목록시스템(http://www.nl.go.kr/kolisnet)에서 이용하실 수 있습니다. (CIP 제어번호: 2019049730)

THE MESSAGE: Acts
by Eugene H. Peterson

차례

일러두기

• 유진 피터슨의 『메시지』 영어 원문을 번역하면서, 한국 교회의 실정과 환경을 고려하여 『메시지』 한글 번역본의 극히 일부분을 의역하거나 문장과 용어를 바꾸었다.

『메시지』를 읽는 독자에게

『메시지』에 독특한 점이 있다면, 현직 목사가 그 본문을 다듬었기 때문일 것이다. 나는 성경의 메시지를 내가 섬기는 사람들의 삶 속에 들여놓는 것을 내게 주어진 일차적 책임으로 받아들이고 성인 인생의 대부분을 살아왔다. 강단과 교단, 가정 성경공부와 산상수련회에서 그 일을 했고, 병원과 양로원에서 대화하면서, 주방에서 커피를 마시고 바닷가를 거닐면서 그 일을 했다. 『메시지』는 40년간의 목회 사역이라는 토양에서 자라난 열매다.

인간의 삶을 만들고 변화시키는 하나님의 말씀은, 내가 『메시지』 작업을 하는 동안 정말로 사람들의 삶을 만들고 변화시켰다. 우리 교회와 공동체라는 토양에 심겨진 말씀의 씨앗은, 싹을 틔우고 자라서 열매를 맺었다. 현재의 『메시지』를 작업할 무렵에는, 내가 수확기의 과수원을 누비며 무성한 가지에서 잘 영근 사과며 복숭아며 자두를 따고 있다는 기분이 들곤 했다. 놀랍게도 성경에는, 내가 목회하는 성도며 죄인인 사람들이 살아 낼 수 없는 말씀, 이 나라와 문화 속에서 진리로 확증되지 않는 말씀이 단 한 페이지도 없었다.

내가 처음부터 목사였던 것은 아니다. 원래 나는 교사의 길에 들어서서, 몇 년간 신학교에서 성경 원어인 히브리어와 그리스어를 가르쳤다. 남은 평생을 교수와 학자로 가르치고 집필하고 연구하며 살겠거니 생각했었다. 그러다 갑자기 직업을 바꾸어 교회 목회를 맡게 되었다.

뛰어들고 보니, 교회는 전혀 다른 세계였다. 제일 먼저 눈에 띈 차이는, 아무도 성경에 별로 관심이 없어 보인다는 점이었다. 얼마 전까지만 해도, 사람들은 내게 돈을 내면서까지 성경을 가르쳐 달라고 했는데 말이다. 내가 새로 섬기게 된 사람들 중 다수는, 사실 성경에 대해 아무것도 몰랐다. 성경을 읽은 적도 없었고, 배우려는 마음조차 없었다. 성경을 몇 년씩 읽어 온 사람들도 많았지만, 그들에게 성경은 너무 익숙해서 무미건조하고 진부한 말로 전락해 있었다. 그들은 지루함을 느낀 나머지 성경을 제쳐 둔 상태였다. 그 양쪽 사이에 있는 사람은 많지 않았다. 내가 가장 중요하게 여긴 일은, 성경 말씀을 그 사람들의 머리와 가슴 속에 들여놓아서, 성경의 메시지가 그들의 삶이 되게 하는 것이었다. 그러나 거기에 관심을 갖는 사람은 거의 없었다. 신문과 잡지, 영화와 소설이 그들 입맛에 더 맞았다.

결국 나는, 바로 그 사람들에게 성경의 메시지를 듣게—정말로 듣게—해주는 일을 내 평생의 본분으로 삼게 되었다. 그것이야말로 확실히 나를 위해 예비된 일이었다.

나는 성경의 세계와 오늘의 세계라는 두 언어 세계에 살고 있었다. 나는 언제나 그 두 세계가 같은 세계인 줄 알았다. 그러나 사람들은 그렇게 보지 않았다. 나는 어쩔 수 없이 "번역가"(당시에는 그런 표현을 쓰지 않았지만)가 되었다. 날마다 그 두 세계의 접경에 서서, 하나님이 우리를 창조하시고 구원하시고 치유하시고 복 주시고 심판하시고 다스리실 때 쓰시는 성경의 언어를, 우리가 잡담하고 이야기하고 길을 알려 주고 사업하고 노래 부르고 자녀에게 말할 때 쓰는 오늘의 언어로 옮긴 것이다.

그렇게 하는 동안, 성경의 원어—강력하고 생생한 히브리어와 그리스어—는 끊임없이 내 설교의 물밑에서 작용했다. 성경의 원어는 단어와 문장을 힘 있고 예리하게 해주고, 내가 섬기는 사람들의 상상력을 넓혀 주었다. 그래서 오늘의 언어 속에서 성경의 언어를 듣고, 성경의 언어 속에서 오늘의 언어를 들을 수 있게 해주었다.

나는 30년간 한 교회에서 그 일을 했다. 그러던 어느 날(1990년 4월 30일이었다), 한 편집자가 내게 편지를 보내 왔다. 그동안 내가 목사로서 해온 일의 연장선에서 새로운 성경 번역본을 집필해 달라는 청탁의 편지였다. 나는 수락했다. 그 후 10년은 수확기였다. 그 열매가 바로 『메시지』다.

『메시지』는 읽는 성경이다. 기존의 탁월한 주석성경을 대체하기 위한 것이 아니다. 내 취지는 간단하다. (일찍이 우리 교회와 공동체에서도 그랬듯이) 성경이 충분히 읽을 수 있는 책이라는 사실을 모르는 사람들에게 성경을 읽게 해주고, 성경에 관심을 잃은 지 오래된 사람들에게 성경을 다시 읽게 해주는 것이다. 그렇다고 굳이 내용을 쉽게 하지는 않았다. 성경에는 이해하기 어려운 부분도 많이 있다. 그래서 『메시지』를 읽다 보면, 더 깊은 연구에 도움이 될 주석성경을 구하는 일이 조만간 중요하게 여겨질 것이다. 그때까지는, 일상을 살기 위해 읽으라. 읽으면서 이렇게 기도하라. "하나님, 말씀하신 대로 내게 이루어지기를 원합니다."

유진 피터슨

사도행전 | 머리말

예수의 이야기는 정말 감동적이다. 우리 가운데 오신 하나님, 우리가 알아들을 수 있는 언어로 말씀하시는 하나님, 우리를 치료하시고 돕고 구원하시기 위해 활동하시는 하나님! 그러다 보니 자칫, 감동만 받고 거기서 끝날 위험이 있다. 이 이야기의 극적인 차원들을 서서히 (또는 갑자기) 깨닫기 시작하면서, 우리는 열광하는 구경꾼이 되어 거기에 안주하기 쉽다. 예수의 팬이 되어서 감탄사를 연발하고, 기분 좋을 때 그분을 본받으려고 하는 정도에 만족할 뿐이다.

예수의 구경꾼이 되거나 **메시지**의 팬이 되지 않도록 하는 것, 이것이 누가의 과제다. 예수의 삶을 기록한 네 명의 저자 가운데 누가만이, 다음 세대를 살아가는 사도들과 제자들의 이야기를 계속해서 들려준다. 놀라운 사실은, 본질적으로 같은 이야기가 여기서도 이어진다는 점이다. 누가는 거의 쉬지 않고, 펜을 잉크에 찍을 겨를도 없이, 이야기를 이어 나간다. 같은 문체, 같은 어휘를 가지고 이야기를 써 나간다.

예수의 이야기는 예수에서 끝나지 않는다. 그 이야기는

그분을 믿는 사람들의 삶에서 계속된다. 초자연적인 역사도 예수에게서 멈추지 않는다. 예수께서는 제자들에게 "너희가 받을 것은 성령이다. 성령이 너희에게 오시면, 너희는 예루살렘과 온 유대와 사마리아와 세상 끝까지 가서 내 증인이 될 것이다"라고 말씀하신다(행 1:8). 그리고 책의 중간쯤에 우리는 "이 구원의 메시지는 그 지역 곳곳으로 들불처럼 퍼져나갔다"라는 내용을 접하게 된다(행 13:49). 예수께서 하나님의 구경꾼이 아니셨듯이, 그리스도인들도 예수의 구경꾼이 아니었음을 누가는 분명히 밝힌다. 그들은 하나님이 행하시는 역사 안에 있었고, 하나님은 그들 안에서 일하셨으며, 그들 안에 살아 계셨다. 그것은 하나님께서 당연히 우리 안에서도 그렇게 하심을 의미한다.

사도행전

성령을 약속하시다

1 [1-5] 친애하는 데오빌로 각하께. 이 책 첫 권에서 나는, 예수께서 성령으로 말미암아 친히 택하신 사도들에게 작별을 고하시고 하늘로 들려 올라가신 날까지, 그분이 행하시고 가르치신 모든 것을 기록했습니다. 예수께서는 죽으신 후에, 사십 일에 걸쳐 여러 다른 상황에서 사도들에게 살아 계신 모습으로 나타나셨습니다. 얼굴을 대면한 여러 번의 만남에서, 그분은 그들에게 하나님 나라에 관한 일들을 말씀해 주셨습니다. 만나서 함께 식사를 하면서, 사도들에게 절대로 예루살렘을 떠나지 말라고 하시며 이렇게 이르셨습니다. "아버지께서 약속하신 것, 곧 너희가 내게서 들은 약속을 기다려야 한다. 요한은 물로 세례를 주었지만, 너

희는 성령으로 세례를 받을 것이다. 이제 곧 받을 것이다."
6 마지막으로 함께 있을 때에 사도들이 물었다. "주님, 이스
라엘에 나라를 회복하실 때가 지금입니까?"
7-8 예수께서 그들에게 말씀하셨다. "때는 너희가 알 수 없
다. 때를 정하는 것은 아버지의 몫이다. 너희가 받을 것은
성령이다. 성령이 너희에게 오시면, 너희는 예루살렘과 온
유대와 사마리아와 세상 끝까지 가서 내 증인이 될 것이다."
9-11 이것이 그분의 마지막 말씀이었다. 예수께서는 사도들
이 보는 가운데 들려 올라가 구름 속으로 사라지셨다. 그들
은 빈 하늘을 바라보며 거기 서 있었다. 그때 갑자기 흰옷을
입은 두 사람이 나타났다. 그들이 말했다. "너희 갈릴리 사
람들아! 왜 여기 서서 빈 하늘만 쳐다보고 있느냐? 너희 가
운데서 하늘로 들려 올라가신 이 예수는 떠나신 그대로 틀
림없이, 영광 중에 오실 것이다."

예루살렘으로 돌아가다

12-13 사도들이 올리브 산이라는 곳을 떠나 예루살렘으로 돌
아갔다. 1킬로미터가 채 안되는 길이었다. 그들은 모임 장
소로 사용하던 다락방으로 갔다.

베드로
요한
야고보

안드레
빌립
도마
바돌로매
마태
알패오의 아들 야고보
열심당원 시몬
야고보의 아들 유다.

14 이들은 끝까지 이 길을 가기로 뜻을 모으고, 온전히 하나
가 되어 기도했다. 그중에는 여자들도 있었다. 예수의 어머
니 마리아와, 예수의 동생들도 함께 있었다.

유다를 대신할 자

15-17 그때에 베드로가 일행 가운데서 일어나 말했다. 방 안
에는 백이십 명쯤 있었다. "친구 여러분, 오래전에 성령께
서 다윗을 통해, 예수를 체포한 자들의 길잡이가 된 유다에
대해 말씀하셨습니다. 그 성경 말씀은 성취되어야 했고, 이
제 성취되었습니다. 유다는 우리 가운데 한 사람으로 이 사
역의 한 부분을 맡았었습니다.
18-20 여러분도 알다시피, 그는 뇌물로 받은 악한 돈으로 조
그마한 농지를 샀는데, 거기서 배가 터지고 창자가 쏟아져
나오는 비참한 최후를 맞았습니다. 이는 예루살렘 사람이면

누구나 아는 일입니다. 사람들은 그곳을 '살인의 밭'이라고 합니다. 정확히 시편에 기록된 그대로입니다.

그의 농지가 흉흉하게 되어
아무도 거기 살지 못하게 하소서.

또한 나중에 기록된 그대로입니다.

그의 자리를 다른 사람이 대신하게 하소서.

21-22 이제 유다를 대신할 사람을 세워야 합니다. 후임자는 예수께서 요한에게 세례를 받으시던 때부터 승천하신 날까지 우리와 함께 있었고, 우리와 함께 그분의 부활의 증인으로 지목된 사람들 중에서 나와야 합니다."
23-26 그들은 두 사람을 추천했다. 일명 유스도라 하는 요셉 바사바와 맛디아였다. 그들은 기도했다. "오 하나님, 하나님께서는 우리 각 사람을 속속들이 아십니다. 유다가 제 갈 길을 가려고 버린 이 사역과 지도자의 자리를 대신할 사람으로, 하나님께서 이 두 사람 중에 누구를 택하셨는지 보여주십시오." 그들은 제비를 뽑았다. 맛디아가 뽑혀서 열두 사도 중에 들게 되었다.

강한 바람 같은 소리

2 [1-4] 오순절이 되었을 때, 그들이 다 함께 한곳에 있었
다. 난데없이 맹렬한 기세의 강한 바람 같은 소리가
났으나, 그 소리가 어디서 나는지 아무도 알 수 없었다. 그
소리가 온 건물을 가득 채웠다. 그러더니, 성령께서 들불처
럼 무리 사이로 퍼졌고, 그들은 성령께서 시키시는 대로 여
러 다른 언어로 말하기 시작했다.
[5-11] 마침 그때에 예루살렘에는 많은 유대인들이 머물고 있
었다. 그들은 세계 각지에서 모인 경건한 순례자들이었다.
그들이 그 소리를 듣고 서둘러 달려왔다. 그런데 그들은 각
자의 모국어로 들려오는 소리를 듣고 크게 놀랐다. 도무지
무슨 일인지 영문을 알 수 없어, 그들은 이렇게 되뇌었다.
"이들은 다 갈릴리 사람들이 아닌가? 그런데 이들이 하는
말이 우리 각 사람의 모국어로 들리니 어찌된 일인가?

바대 사람, 메대 사람, 엘람 사람.
메소포타미아, 유대, 갑바도기아,
본도와 아시아, 브루기아와 밤빌리아,
이집트, 구레네에 속한 리비아 여러 지역에서 온 방문객들.
로마에서 이주해 온 유대인과 개종자들.
크레타 사람과 아라비아 사람들까지!

이들이 우리 언어로 하나님의 능하신 일들을 말하고 있지

않은가!"
12 그들은 머리가 혼란스러워 갈피를 잡을 수 없었다. 당황해
서 "도대체 이게 무슨 일이지?" 하는 말을 서로 주고받았다.
13 그런가 하면 "이 사람들이 싸구려 술에 취했다"고 놀리
는 사람들도 있었다.

베드로의 설교

14-21 바로 그때에 다른 열한 사도의 지지를 받은 베드로가
일어나 무척 긴박한 어조로 말했다. "유대인 동포 여러분과
예루살렘을 방문중인 모든 여러분, 잘 듣고 이 이야기를 바
로 아시기 바랍니다. 이 사람들은 여러분 가운데 일부가 생
각하는 것처럼 술에 취한 것이 아닙니다. 이제 겨우 아침 아
홉 시인데 취할 시간이나 있었겠습니까? 이것은 예언자 요
엘이 장차 일어날 것이라고 알려 준 일입니다.

하나님께서 말씀하신다. "마지막 때에
내가 모든 사람에게
내 영을 부어 줄 것이다.
너희 아들들은 예언할 것이며
너희 딸들도 예언할 것이다.
너희 청년들은 환상을 볼 것이며
너희 노인들은 꿈을 꿀 것이다.
그때가 이르면

나를 섬기는 남종과 여종에게
내 영을 부어 줄 것이니,
그들은 예언할 것이다.
내가 위로 하늘에 이적과
아래로 땅에 표적을 베풀 것이니,
피와 불과 소용돌이치는 연기,
주의 날,
무섭고 기이한 그날이 오기 전에,
해가 어두워지고 달이 핏빛으로 붉어질 것이다.
누구든지 나 하나님에게 구해 달라고 부르짖는 자는
구원을 얻을 것이다."

22-28 이스라엘 동포 여러분, 이 말을 잘 들으십시오. 나사렛 예수는 하나님께 온전히 인정받으신 분이셨습니다. 하나님께서 그분을 통해 행하신 기적과 이적과 표적들은 여러분이 이미 다 알고 있습니다. 이 예수께서 하나님의 주도면밀하신 계획에 따라, 법을 제멋대로 주무르는 사람들에게 배반당하시고 여러분에게 넘겨졌습니다. 여러분은 그분을 십자가에 못 박아 죽였습니다. 하지만 하나님께서 죽음의 밧줄을 푸시고 그분을 다시 살리셨습니다. 죽음은 그분의 상대가 되지 못했습니다. 다윗이 이 모든 것을 말했습니다.

내가 항상 내 앞에 계신 하나님을 뵈었다.

그분이 내 곁에 계시니, 그 무엇도 나를 흔들 수 없다.
내 속에서 온통 기쁨과 희열이 넘쳐,
나는 소망의 땅에 내 거처를 정했다.
주님은 절대로 나를 음부에 버리지 않으실 것이므로,
나는 죽음의 악취조차 맡지 않을 것이다.
주님께서 내 발을 생명 길에 두셨고
주님의 얼굴은 온 사방에 햇빛 같은 기쁨으로 빛난다.

29-36 사랑하는 친구 여러분, 여러분에게 더없이 솔직히 말하겠습니다. 우리 조상 다윗이 죽어서 묻혔고, 그 무덤이 오늘도 분명히 우리 눈앞에 있습니다. 그러나 예언자이기도 했던 그는, 자신의 한 후손이 나라를 다스릴 것이라고 하신 하나님의 엄숙한 맹세를 알고서, 먼 장래를 내다보며 메시아의 부활을 앞서 말했습니다. '음부에 내려가지 않고 죽음의 악취를 맡지 않을 것이다'라는 말이 바로 그것입니다. 이 예수를 하나님께서 다시 살리셨습니다. 여기 있는 우리가 다 그 일의 증인입니다. 그 후에 예수께서 하나님 오른편 높은 곳에 올려져 아버지께서 약속하신 성령을 받으시고, 그 받으신 성령을 우리에게 부어 주셨습니다. 여러분은 지금 그 일을 보고 듣고 있습니다. 그래서 다윗은 자기가 직접 하늘로 올라가지 않았지만, 이렇게 말했습니다.

하나님께서 내 주님께 말씀하셨다. "내가 네 원수들을 네

발판으로 삼을 때까지 너는 내 오른편에 앉아 있어라."

그러니, 온 이스라엘 여러분, 이것을 아십시오. 여러분이 십
자가에서 죽인 이 예수를, 하나님께서 주와 메시아로 삼으
셨습니다. 더 이상 의심할 여지가 없습니다."
37 듣고 있던 사람들이 마음속 깊이 찔려서 베드로와 다른
사도들에게 물었다. "형제 여러분! 형제 여러분! 그러면 우
리가 이제 어떻게 해야 합니까?"
38-39 베드로가 말했다. "삶을 고치십시오. 하나님께로 돌아
와서, 여러분 각자가 예수 그리스도의 이름으로 세례를 받
으십시오. 그러면 여러분의 죄가 용서받습니다. 성령을 선
물로 받으십시오. 이 약속은 여러분과 여러분의 자녀들은
물론이고 멀리 있는 모든 사람들까지, 우리 주 하나님께서
부르시는 사람이면 누구에게나 해당됩니다."
40 그는 이렇게 한참을 더 말하며, 그들에게 간절히 권했
다. "이 병들고 무감각한 문화에서 빠져나오십시오! 여러
분이 할 수 있을 때에 어서 나오십시오."
41-42 그날 약 삼천 명이 그 말을 믿어서, 세례를 받고 등록했
다. 그들은 사도들의 가르침과 공동생활과 공동식사와 기도
에 자신들의 삶을 드렸다.

43-45 주위에 있던 사람들 모두가, 사도들을 통해 이루어진

모든 이적과 표적을 보고 두려워했다! 믿는 사람들 모두가
무엇이든 공유하면서, 멋진 화합을 이루고 살았다. 그들은
자신들이 가진 것은 무엇이든 팔아 공동 자원으로 이용하면
서, 각 사람의 필요를 채웠다.
46-47 성전에서 예배를 드리고 나서, 집에서 식사하고 하나님
을 찬양하는 것이 그들의 하루 일과였다. 식사 때마다 즐거
움이 넘쳐흐르는 축제였다. 사람들은 그 모습을 좋게 보았
다. 하나님께서 구원받은 사람들을 더하셔서 날마다 그들의
수가 늘어났다.

3

1-5 하루는 오후 세 시에, 베드로와 요한이 기도하러
성전에 들어가고 있었다. 마침 그때에 사람들이 나
면서부터 걷지 못하던 사람을 메고 왔다. 그는 날마다 '아름
다운 문'이라는 성전 문에 앉아, 성전에 들어가는 사람들에
게 구걸하던 사람이었다. 그는 베드로와 요한이 성전에 들
어가려는 것을 보고 구걸을 했다. 베드로와 그 옆에 있던 요
한이 그의 눈을 똑바로 쳐다보며 말했다. "여기를 보시오."
그러자 그는 그들에게서 뭔가 얻을 줄로 생각하고 고개를
들었다.
6-8 베드로가 말했다. "나는 동전 한 푼 가진 것이 없지만, 내
게 있는 것을 당신에게 주겠소. 나사렛 예수 그리스도의 이
름으로 걸으시오!" 베드로가 그 사람의 오른손을 잡아 일으

키자, 즉시 그의 발과 발목에 힘이 생겼다. 그는 펄쩍 뛰듯
이 일어나 걸었다.
8-10 그 사람은 베드로와 요한과 함께 성전으로 들어가서, 이
리저리 걷고 춤추며 하나님을 찬양했다. 그곳에 있던 사람
들 모두가 그가 걸어 다니며 하나님을 찬양하는 것을 보았
다. 그들은 그가 성전의 아름다운 문에 앉아 구걸하던 사람
인 것을 알아보고는, 깜짝 놀라 눈을 비볐다. 눈으로 보면서
도 도저히 믿기지 않았던 것이다.
11 그 사람은 기뻐서 어쩔 줄 몰라 하며 베드로와 요한을 끌
어안았다. 모든 사람이 그 모습을 직접 보려고 그들이 있는
솔로몬 회랑으로 달려왔다.

하나님께로 돌아서라

12-16 사람들이 모인 것을 보고, 베드로가 그들에게 말했다.
"이스라엘 여러분, 이 일에 왜 이렇게 크게 놀라십니까? 이
사람이 걷게 된 것이 마치 우리 능력이나 경건함 때문인 것
처럼, 왜 우리를 쳐다보는 것입니까? 아브라함과 이삭과 야
곱의 하나님, 곧 우리 조상의 하나님께서 그 아들 예수를 영
화롭게 하셨습니다. 빌라도가 죄 없다고 한 그분을 여러분
은 거절했습니다. 여러분은 거룩하고 의로우신 분을 거절하
고, 그 대신에 살인자를 놓아 달라고 했습니다. 그러나 여러
분이 생명의 주인 되신 분을 죽이자마자, 하나님은 죽은 자
들 가운데서 그분을 살리셨습니다. 우리가 그 증인들입니

다. 예수의 이름을 믿는 믿음이 이 사람을 일으켜 세운 것입니다. 이 사람의 상태는 여러분이 잘 알지 않습니까? 그렇습니다. 바로 믿음, 오직 믿음이 여러분 눈앞에서 이 사람을 완전히 낫게 한 것입니다.

17-18 친구 여러분, 예수를 죽일 때 여러분은 자신이 무슨 일을 하는지 몰랐습니다. 여러분의 지도자들도 그러했습니다. 그러나 모든 예언자의 설교를 통해 메시아가 죽임 당할 것을 처음부터 말씀하신 하나님께서는, 여러분이 무슨 일을 하는지 정확히 아셨고, 그 일을 사용해서 그분의 계획을 이루셨습니다.

19-23 이제 여러분의 행실을 고칠 때입니다! 하나님께로 돌아서십시오. 그리하면 그분께서 여러분의 죄를 씻어 주시고, 축복의 소나기를 쏟아부어 여러분을 새롭게 하시며, 여러분을 위해 예비하신 메시아 예수를 보내 주실 것입니다. 하나님께서 거룩한 옛 예언자들의 설교를 통해 말씀하신 대로, 예수는 만물의 질서가 다시 회복될 때까지 하늘에 계셔서 보이지 않을 것입니다. 한 예로, 모세는 이렇게 말했습니다. '너희 하나님께서 너희를 위해, 너희 동족 가운데서 나와 같은 한 예언자를 일으켜 세우실 것이다. 너희는 그가 하는 말을 다 들어라. 그 예언자의 말을 듣지 않는 사람은 하나도 남김없이 그 백성 가운데서 멸망할 것이다.'

24-26 사무엘부터 시작해 그 뒤를 이은 예언자들도 모두 같은 이야기를 전했고, 이날이 올 것을 힘주어 말했습니다. 여러

분은 이 예언자들의 후손이며, 또 하나님께서 여러분의 조상과 맺으신 그 언약의 후손입니다. 하나님께서 아브라함에게 주신 언약의 말씀이 무엇입니까? '이 땅의 모든 민족이 네 후손으로 말미암아 복을 받을 것이다.' 그러나 여러분이 맨 먼저입니다. 하나님께서는 여러분 한 사람 한 사람이 그 악한 길에서 돌이키면 여러분에게 복을 주시려고, 그 아들을 일으켜 세우시고 여러분에게 보내신 것입니다."

숨길 것이 없다

4
1-4 베드로와 요한이 사람들에게 말하는 동안, 제사
장들과 성전 경비대장과 사두개인들이 다가왔다. 그들은 이 신출내기 사도들이 사람들을 가르치는 것과, 죽은 자의 부활이 예수께 일어났다고 선포하는 것에 분개했다. 그들은 사도들을 체포해 다음날 아침까지 감옥에 가두었다. 이미 늦은 저녁이기 때문이었다. 그러나 그들의 이야기를 들은 사람들 가운데 이미 **메시지**를 믿은 사람들이 많았다. 그 수가 대략 오천 명쯤 되었다!
5-7 이튿날 예루살렘에 회의가 소집되었다. 통치자, 종교 지도자, 종교 학자, 대제사장 안나스, 가야바, 요한, 알렉산더 등 주요 인물들이 다 모였다. 그들은 베드로와 요한을 한가운데 세워 놓고 따져 물었다. "누가 너희에게 이런 일을 맡기더냐? 도대체 무엇 때문에 이런 일을 하느냐?"
8-12 그 말에 베드로가 성령이 충만하여 거침없이 말했다.

"백성의 통치자와 지도자 여러분, 오늘 우리가 병자를 고친 일로 재판에 회부되어 심문을 받는 것이라면, 나는 더없이 솔직히 말하겠습니다. 우리는 하나도 숨길 것이 없습니다. 여러분이 십자가에서 죽였으나 하나님께서 죽은 자들 가운데서 다시 살리신 나사렛 예수 그리스도, 그분의 이름으로 이 사람이 건강하고 온전한 모습으로 여러분 앞에 서 있습니다. '너희 석공들이 내버린 돌이 이제 모퉁잇돌이 되었다'는 말씀은, 예수를 두고 하신 말씀입니다. 구원받을 다른 길은 없습니다. 오직 예수의 이름 외에는, 구원받을 수 있는 다른 이름을 우리에게 주신 적이 없고 앞으로도 없을 것입니다."

13-14 베드로와 요한이 어찌나 당당하고 자신 있게 서 있던지, 그들은 두 사람에게서 눈을 뗄 수 없었다! 그 두 사람이 성경 훈련이나 정식 교육을 받지 못한 평신도인 것을 알고, 그들은 더욱 놀랐다. 그들은 그 두 사람이 예수와 함께 다녔다는 것을 알았지만, 그들 앞에 꼿꼿이 서 있는—고침받은!—그 사람을 보고서는, 뭐라고 반박할 말을 찾을 수 없었다!

15-17 그들은 방도를 짜내기 위해 베드로와 요한을 밖으로 내보내고 나서 서로 의논했다. "이들을 어떻게 하면 좋겠습니까? 기적이 일어났고, 그 배후에 저들이 있다는 것이 이미 온 시내에 알려졌습니다. 우리도 부인할 길이 없습니다. 더 이상 일이 커지지 않도록 저들을 위협해서 입을 막읍시다. 다

시는 누구한테도 예수의 이름을 말하지 못하도록 말입니다."
18-20 그들은 베드로와 요한을 다시 불러서, 어떠한 경우에도 예수의 이름으로 말하거나 가르치지 말라고 경고했다. 그러자 그들이 바로 되받았다. "하나님의 말씀보다 여러분의 말을 듣는 것이 하나님 보시기에 옳은 일인지 여러분이 판단하십시오. 우리의 입장은 분명합니다. 우리는 우리가 보고 들은 것을 말하지 않을 수 없습니다."
21-22 종교 지도자들은 그들을 다시 위협한 뒤에, 결국 풀어주었다. 그들을 감옥에 가두어 둘 만한 죄목을 찾지 못했던 것이다. 만일 가두어 두었다면, 백성이 가만있지 않았을 것이다. 백성은 이번 일로 모두 하나님을 찬양하고 있었다. 이 기적으로 병이 나은 사람은 마흔 살이 넘었다.

한마음 한뜻으로

23-26 베드로와 요한은 풀려나자마자, 동료들에게 가서 대제사장과 종교 지도자들이 한 말을 전했다. 보고를 전해 들은 사람들은, 놀랍도록 하나가 되어 소리 높여 기도했다. "강하신 하나님, 주님께서는 하늘과 땅과 바다와 그 안에 있는 모든 것을 지으셨습니다. 주님께서는 주님의 종이자 우리의 조상인 다윗의 입을 통해 성령으로 이렇게 말씀하셨습니다.

뭇 나라들아, 웬 소란이냐?
뭇 민족들아, 웬 흉계냐?

땅의 두목들이 권력투쟁을 벌이고
권력자들이 모여 정상회담을 여니,
하나님을 부정하며 메시아께 대드는 자들이다!

27-28 과연 그들이 모였습니다. 헤롯과 본디오 빌라도와 나라
들과 민족들과 이스라엘까지! 바로 이 도성에 모였습니다.
주님의 거룩하신 아들 예수, 주님께서 메시아로 삼으신 그
분을 해치려고 모의했습니다. 주님께서 오래전부터 계획하
신 일들을 이루려고 모였습니다.
29-30 이제 그들이 또 시작합니다! 그들의 위협을 살피시고
주님의 종들에게 두려워하지 않는 담대함을 주셔서, 주님의
메시지를 전하게 해주십시오. 주님의 손을 우리에게 내미셔
서, 주님의 거룩하신 종 예수의 이름으로 치유와 기적과 이
적이 일어나게 해주십시오."
31 그들이 기도하고 있는데, 그 모인 곳이 흔들리고 진동했
다. 그들은 모두 성령으로 충만해져서, 두려움 없이 계속해
서 하나님의 말씀을 전했다.
32-33 믿는 사람들이 하나로—한마음 한뜻으로—연합했다!
그들은 자기 재산에 대한 소유권을 주장하지 않았다. "이건
내 것이니, 당신이 가질 수 없소"라고 말하는 사람이 아무도
없었다. 그들은 모든 것을 공유했다. 사도들은 주 예수의 부
활을 강력하게 증거했고, 그들 모두에게 은혜가 머물렀다.
34-35 그리하여 그들 가운데 궁핍한 사람이 단 한 명도 없었

다. 밭이나 집이 있는 사람들은 그것을 팔아서, 그 판 돈을
사도들에게 가져와 헌금했다. 사도들은 각 사람의 필요에
따라 그 돈을 나누어 주었다.
36-37 키프로스 태생의 레위 사람으로, 사도들이 바나바('위로
의 아들'이라는 뜻)라고 부르던 요셉도 자기 소유의 밭을 팔
아서, 그 돈을 가져다가 사도들에게 헌금했다.

아나니아와 삽비라

5 1-2 그러나 아나니아라는 사람이 자기 아내 삽비라와
공모하여 땅을 판 돈의 일부를 몰래 자기 몫으로 챙
겨 두고는, 나머지를 사도들에게 가져와 헌금했다.
3-4 베드로가 말했다. "아나니아야, 네가 어찌하여 사탄에게
넘어가 성령께 거짓말하고 땅값의 일부를 몰래 떼어 두었느
냐? 그 땅은 팔기 전에도 네 것이었고 판 뒤에도 네 것이어
서, 그 돈을 네 마음대로 할 수 있었다. 그런데 네가 무슨 생
각으로 이런 속임수를 썼느냐? 너는 사람에게 거짓말한 것
이 아니라 하나님께 거짓말한 것이다."
5-6 아나니아가 그 말을 듣고는 쓰러져 죽었다. 이 소식을 들
은 사람들이 모두 하나님을 두려워했다. 젊은 사람들이 곧
바로 그 시체를 싸서, 메고 나가서 묻었다.
7-8 세 시간이 못 되어서, 그의 아내가 무슨 일이 있었는지
전혀 모른 채 들어왔다. 베드로가 말했다. "너희가 땅을 팔
고 받은 돈이 이것이냐?"

"예, 그 돈입니다." 삽비라가 말했다.
9-10 베드로가 대답했다. "너희가 공모하여 주님의 영을 대적
하다니 이 무슨 일이냐? 네 남편을 묻고 온 사람들이 집 앞
에 있으니, 다음은 네 차례다." 그의 입에서 말이 떨어지기
가 무섭게 삽비라도 쓰러져 죽었다. 젊은 사람들이 돌아와
보니 그 여자의 시체가 있었다. 그들은 시신을 메고 나가서
남편 곁에 묻었다.
11 이즈음에 이 일을 들은 온 교회는 물론 모든 사람들 안에
하나님께 대한 깊은 경외심이 생겼다. 하나님을 함부로 대
해서는 안된다는 것을 알게 된 것이다.

모두가 정기적으로 모이다

12-16 사도들이 하는 일을 통해, 백성 가운데 하나님의 표적
이 크게 나타나고 놀라운 일이 많이 이루어졌다. 그들은 모
두 하나가 되어 솔로몬의 이름을 붙인 성전 회랑에 정기적
으로 모였다. 백성이 그들을 크게 칭찬했으나, 그들 모임에
합류하기를 꺼리는 사람들도 있었다. 한편, 주님을 믿는 사
람들은 남녀 할 것 없이 도처에서 더 늘어났다. 심지어 그들
은 병자들을 메고서 길거리로 나와 들것과 이부자리에 눕혀
놓고는, 지나가는 베드로의 그림자에라도 닿기를 바랐다.
예루살렘 인근의 여러 마을에서 사람들이 아픈 사람과 귀신
들린 사람들을 데리고 몰려나왔다. 그들 모두가 나았다.

사람보다 하나님께 순종하는 것

17-20 대제사장과 그의 편에 선 사람들, 주로 사두개파 사람들이 이 모든 일에 단단히 화가 나서 행동에 돌입했다. 그들은 사도들을 체포해 시내 감옥에 가두었다. 그러나 밤중에 하나님의 천사가 감옥 문을 열고 그들을 이끌어 냈다. 천사가 말했다. "성전으로 가서 당당히 서거라. 이 생명에 대해 말해야 할 모든 것을 사람들에게 다 전하여라."

그들은 즉시 순종하여, 새벽녘에 성전으로 들어가 계속해서 가르쳤다.

21-23 한편, 대제사장과 그의 동료들은 이스라엘의 최고의회를 소집한 뒤에, 감옥에 사람을 보내 죄수들을 데려오게 했다. 경비대가 감옥에 가 보니, 그 안에는 아무도 없었다. 그들이 돌아와서 보고했다. "감옥은 철통같이 잠겨서 문마다 간수들이 지키고 있었지만, 안에 들어가 보니 한 사람도 없었습니다."

24 성전 경비대장과 대제사장들은 당황했다. "이게 도대체 어떻게 된 일이냐?"

25-26 그때에 누군가가 나타나서 말했다. "감옥에 가두어 두었던 사람들이 다시 성전에서 사람들을 가르치고 있는 것을 알고 계십니까?" 경비대장이 부하들과 함께 가서 사도들을 붙잡았다. 그러나 백성이 폭동을 일으켜 대항할까 두려워서, 그들을 조심스럽게 다루었다.

27-28 그들은 사도들을 데려다가 다시 최고의회 앞에 세웠다.

대제사장이 말했다. "우리가 너희에게 예수의 이름으로 가르치지 말라고 엄히 명령하지 않았더냐? 그런데 너희는 너희 가르침으로 예루살렘을 가득 채우고는, 그 사람의 죽음을 기어이 우리 탓으로 돌리려 하고 있다."
29-32 베드로와 사도들이 대답했다. "사람보다 하나님께 순종하는 것이 당연합니다. 여러분이 십자가에 매달아 죽인 그 예수를, 우리 조상의 하나님께서 다시 살리셨습니다. 그 하나님께서 이스라엘에게 변화된 삶과 죄 용서의 선물을 주시려고, 예수를 왕과 구주로 삼아 그분 오른편 높은 곳에 두셨습니다. 우리는 이 일의 증인들입니다. 하나님이 그분께 순종하는 이들에게 주시는 성령께서도, 이 모든 일을 확증해 주십니다."
33-37 그들은 이 말을 듣고 격분하여, 그 자리에서 당장 사도들을 죽이려고 했다. 그러자 최고의회 의원인 가말리엘이라는 바리새인이 자리에서 일어섰다. 하나님의 율법을 가르치는 교사로 모든 사람의 존경을 받고 있던 그는, 잠시 사도들을 밖으로 내보내고 나서 이렇게 말했다. "동료 여러분, 이들을 대할 때 조심하십시오. 얼마 전 드다가 대단한 사람인 양 행세하다가 잠깐 유명해져서, 사백 명 정도를 끌어 모은 일이 있습니다. 그러나 그가 죽임을 당하자 추종자들도 흩어지고, 결국 흐지부지되고 말았습니다. 그 일이 있고 나서 얼마 후 인구조사 때에는, 갈릴리 사람 유다가 나타나서 세력을 불렸으나 그 역시 용두사미로 끝났고, 그를 따르던 사

람들도 뿔뿔이 흩어지고 말았습니다.
38-39 그래서 하는 말입니다. 이 사람들에게서 손을 떼십시
오! 그냥 내버려 두세요. 만일 이 계획이나 일이 순전히 인
간에게서 난 것이라면, 산산이 무너지고 말 것입니다. 하지
만 하나님에게서 난 것이라면, 여러분이 어떻게 해도 소용
없습니다. 괜히 하나님을 대적하는 자가 되지 마십시오!"
40-42 그 말이 설득력이 있었다. 그들은 사도들을 다시 불러
들여 호되게 매질한 다음, 예수의 이름으로 말하지 말라고
경고하여 그들을 쫓아냈다. 사도들은 예수의 이름 때문에
치욕당하는 영예를 얻은 것을 크게 기뻐하며 의회에서 나왔
다. 그들은 날마다 잠시도 쉬지 않고, 예수가 그리스도이심
을 성전과 집에서 가르치고 전했다.

하나님의 말씀이 크게 번성하다

6
1-4 그때에 제자들의 수가 급격하게 늘어나면서, 그리
스 말을 하는 신자들이 히브리 말을 하는 신자들에 대
해 섭섭하게 여기는 마음이 커졌다. 매일 양식을 배급받을
때 자기네 과부들이 차별을 받고 있기 때문이었다. 그래서
열두 사도는 제자 회의를 소집하여 제자들에게 말했다. "우
리가 하나님 말씀을 전하고 가르치는 책임을 저버린 채 가난
한 사람들을 돌보는 것은 옳지 못합니다. 그러니 여러분, 여
러분 가운데서 모두에게 신임을 얻고, 성령 충만하여 분별력
있는 사람 일곱을 뽑으십시오. 그러면 우리는 이 일을 그들

에게 맡기겠습니다. 대신에 우리는, 우리가 맡은 본분인 기
도하고 하나님 말씀을 전하는 일에 전념하겠습니다."
5-6 회중이 그 생각을 아주 좋게 여겼다. 그들은 다음 일곱
사람을 뽑았다.

믿음과 성령이 충만한 사람, 스데반
빌립
브로고로
니가노르
디몬
바메나
안디옥 출신의 개종자, 니골라.

회중은 그들을 사도들에게 보였다. 사도들은 기도하고 안수
하여 그들에게 일을 위임했다.
7 하나님의 말씀이 크게 번성했다. 예루살렘에 있는 제자들
의 수가 어마어마하게 늘고, 이 믿음을 따르게 된 제사장들
도 많이 생겨났다.

8-10 스데반은 하나님의 은혜와 능력이 차고 넘쳐서, 백성 가
운데 놀라운 일들을 행했다. 그것은 하나님이 그들 가운데
계신다는 틀림없는 표적이었다. 그때 회당에서 온 몇몇 사

람들이 그를 반대하고 나서서 변론으로 그를 누르려고 했
다. 그 무리는 종이었다가 자유인이 된 구레네 사람, 알렉산
드리아 사람, 길리기아와 아시아 출신의 사람들로 이루어져
있었다. 그러나 스데반이 말하자, 그들은 그의 지혜와 영적
기개를 당해 내지 못했다.
11 그래서 그들은 몰래 사람들을 매수해 거짓말을 퍼뜨렸다.
"이 사람이 모세와 하나님을 저주하는 것을 우리가 들었습
니다."
12-14 그 말이 백성과 종교 지도자와 종교 학자들의 마음을
휘저어 놓았다. 그들은 스데반을 잡아서 최고의회 앞으로
끌고 갔다. 그리고 자신들이 매수한 증인들을 앞세워 이렇
게 증언했다. "이 사람은 쉬지 않고 이 거룩한 곳과 하나님
의 율법을 욕하고 있습니다. 심지어 우리는, 나사렛 예수가
이곳을 무너뜨릴 것이며 또한 모세가 우리에게 준 관습을
다 내버릴 것이라고 그가 말하는 것도 들었습니다."
15 최고의회에 앉아 있던 모든 사람이 스데반을 쳐다보았다.
그들은 그에게서 눈을 뗄 수가 없었다. 그의 얼굴이 천사의
얼굴 같았다!

성령 충만한 스데반

7 1 그때 대제사장이 말했다. "네 자신을 변호할 말이
있느냐?"
2-3 스데반이 대답했다. "친구 여러분, 아버지와 형제 여러

분, 우리 조상 아브라함이 하란으로 이주하기 전 아직 메소포타미아에 있을 때에, 영광의 하나님이 그에게 나타나서 말씀하셨습니다. '네 고향과 가족을 떠나 내가 네게 보여줄 땅으로 가거라.'

4-7 그래서 아브라함은 갈대아 사람들의 땅을 떠나 하란으로 옮겨 갔습니다. 아버지가 죽은 뒤에, 그는 지금 여러분이 살고 있는 이 땅으로 이주해 왔습니다. 그러나 하나님께서는 그에게 아무것도, 발붙일 곳조차 주지 않으셨습니다. 그때에 아브라함에게는 아들이 없었습니다. 그런데도 하나님은, 후에 이 땅을 그와 그의 아들에게 주시겠다고 약속하셨습니다. 하나님은 그의 후손이 낯선 땅으로 이주하여, 거기서 사백 년 동안 종이 되어 가혹한 대우를 받을 것을 그에게 알려주셨습니다. 그러나 하나님께서는 '내가 개입해서 너희를 종으로 삼은 자들을 처리하고 내 백성을 이끌어 내어, 이곳에서 나를 예배하게 할 것이다' 하고 말씀하셨습니다.

8 그 후에 하나님은 아브라함과 언약을 맺으시고, 할례로 그의 몸에 표를 남기셨습니다. 아브라함은 아들 이삭을 낳고 여드레 만에 그 몸에 할례의 표를 남겼습니다. 이삭이 야곱의 아버지가 되고 야곱이 열두 조상들의 아버지가 되는 동안에, 그들은 저마다 언약의 표를 충실히 전했습니다.

9-10 그러나 그 조상들은 시기심에 불타서, 요셉을 이집트에 노예로 보내 버렸습니다. 그럼에도 불구하고 하나님이 그와 함께 하셔서, 그를 모든 환난에서 구하셨을 뿐 아니라 그를

이집트 왕 바로의 눈에 띄게 하셨습니다. 바로는 요셉에게 크게 감동받아서, 개인적 사무를 비롯해 온 나랏일을 그에게 맡겼습니다.

11-15 그 후에 이집트에서부터 가나안까지 전 지역에 기근이 들어, 사람들의 고생이 말이 아니었습니다. 배고픈 우리 조상들은 양식을 얻고자 모든 곳을 샅샅이 뒤졌으나 아무것도 찾을 수 없었습니다. 야곱이 이집트에 양식이 있다는 말을 듣고는, 우리 조상들을 보내어 알아보게 했습니다. 소문이 사실임을 확인한 뒤에, 그들은 양식을 구하려고 이집트로 다시 갔습니다. 그 방문 때, 요셉은 형들에게 자신의 정체를 밝히고 야곱 일가를 바로에게 소개했습니다. 이어서 요셉은 아버지 야곱과 일흔다섯 명이나 되는 일가족을 모두 데려오게 했습니다. 그렇게 해서 야곱 일가가 이집트로 가게 된 것입니다.

15-16 야곱이 죽고, 그 후에 우리 조상들도 죽었습니다. 그들은 세겜으로 옮겨져, 전에 아브라함이 하몰의 자손에게 충분한 값을 치르고 산 무덤에 묻혔습니다.

17-19 하나님께서 아브라함에게 구원을 약속하신 사백 년이 다 되어 갈 무렵, 이집트에 있던 우리 백성의 수가 크게 늘어났습니다. 이제 요셉에 대해 들어 보지 못한 왕이 이집트를 다스리고 있었습니다. 그는 우리 민족을 무자비하게 착취했습니다. 갓난아기들을 강제로 버리게 해서, 비바람 속에 비참하게 죽게 했습니다.

20-22 바로 그러한 때에 모세가 태어났습니다. 그는 무척 준수한 아기였습니다. 부모가 석 달 동안 그 아기를 집 안에 숨겼으나 더 이상 숨길 수 없게 되자, 그를 밖에 내놓았습니다. 그러자 바로의 딸이 그를 구해 내어 자기 아들로 삼아 길렀습니다. 모세는 이집트 최고 학교에서 교육을 받았습니다. 그는 사상이나 체력이 모두 대단했습니다.

23-26 마흔 살이 되자, 모세는 자기 동족 히브리 사람들이 어떻게 지내는지 알고 싶어 그들의 형편을 살피러 나갔습니다. 그는 이집트 사람이 히브리 사람 하나를 괴롭히는 것을 보고는, 끼어들어서 그 이집트 사람을 때려눕히고 싸움에서 진 형제의 원수를 갚았습니다. 그는 히브리 형제들이 자기가 그들 편인 것을 기뻐할 줄 알았습니다. 나아가 자신을, 그들을 구해 줄 하나님의 도구로 여길 줄 알았습니다. 그러나 그들은 그렇게 생각하지 않았습니다. 이튿날 히브리 사람 둘이 싸우고 있는데, 모세가 다툼을 말리며 그들에게 서로 사이좋게 지내도록 권했습니다. '그대들은 형제 사이인데, 왜 서로 치고 싸우는 것이오?'

27-29 싸움을 시작한 사람이 말했습니다. '누가 당신을 우리 책임자로 세웠소? 어제 이집트 사람을 죽인 것처럼 나도 죽일 셈이오?' 모세는 그 말을 듣고 소문이 퍼진 것을 알고는, 죽을힘을 다해 도망하여 미디안 땅에서 나그네로 살았습니다. 나그네로 살면서, 그는 두 아들을 낳았습니다.

30-32 사십 년 후, 시내 산 광야에서 불타는 떨기나무 불꽃으

로 가장한 천사가 그에게 나타났습니다. 모세는 자기 눈을 믿을 수 없어, 자세히 보려고 다가갔습니다. 그때, 그는 하나님의 음성을 들었습니다. '나는 네 조상, 아브라함과 이삭과 야곱의 하나님이다.' 소스라치게 놀란 모세는, 눈을 감고 고개를 돌렸습니다.

33-34 하나님께서 말씀하셨습니다. '무릎을 꿇고 기도하여라. 네가 있는 곳은 거룩한 곳, 거룩한 땅이다. 내가 이집트에 있는 내 백성의 괴로움을 보았다. 내가 그들의 신음소리를 들었다. 내가 그들을 도우려고 왔다. 그러니 너는 준비하여라. 내가 너를 이집트로 다시 보내겠다.'

35-39 이 모세는, 전에 사람들로부터 '누가 당신을 우리 책임자로 세웠소?'라는 말을 듣고 거부당했던 사람입니다. 이 모세는, 불타는 떨기나무 속에서 천사를 통해 불꽃을 발하시던 하나님께서 지도자와 구원자로 다시 보내신 사람입니다. 모세는 노예생활에서 백성을 이끌어 냈습니다. 그는 사십 년 동안, 이집트 전역과 홍해와 광야에서 하나님의 표적과 이적을 베풀고 행했습니다. 이 모세는, 백성에게 '하나님께서 너희 후손 중에서 나와 같은 예언자 하나를 일으켜 세우실 것이다'라고 말한 사람입니다. 이 모세는, 시내 산에서 말하던 천사와 광야에 모인 여러분의 조상들 사이에 서서, 그가 받은 생명의 말씀을 가져다가 우리에게 전해 준 사람입니다. 그런데 우리 조상들은 그 말씀이 자신과 무관하다고 생각했습니다.

39-41 그들은 이집트의 옛 생활방식을 갈망하며 아론에게 불평했습니다. '우리가 보고 따를 수 있는 신을 만들어 주시오. 우리를 인적조차 없는 이곳으로 끌어낸 모세가 어찌 되었는지 누가 알겠소!' 그때 그들은 송아지 우상을 만들고, 그 앞에 희생 제물을 바치며, 자기들이 대단한 종교 프로그램을 만들어 낸 것처럼 자축했습니다.
42-43 하나님은 조금도 기뻐하지 않으셨습니다. 그래서 그들이 자기 방식대로 하게 내버려 두셨습니다. 새롭게 등장하는 모든 신에게 다 예배하게 두고, 그 결과를 지고 살도록 내버려 두셨습니다. 예언자 아모스는, 그 결과를 이렇게 묘사했습니다.

오 이스라엘아, 너희가 사십 년 광야 시절 동안
내게 짐승과 곡식 제물을 가져온 적이 있더냐?
전혀 없었다. 너희는 전쟁의 신, 음란의 여신에게
산당을 지어 주느라,
힘을 다해 그들을 예배하느라, 너무 바빴다.
그래서 내가 너희를 바빌론에 포로로 보낸 것이다.

44-47 그 기간 동안 우리 조상들에게는 참된 예배를 드릴 장막 성소가 있었습니다. 그 장막은 모세가 하나님께서 알려 주신 설계대로 만든 것이었습니다. 하나님이 그 땅에서 이방인들을 쫓아내실 때에, 그들은 장막을 가지고 여호수아를

따라갔고, 그 장막은 다윗의 때까지도 있었습니다. 다윗은 하나님께 영구적인 예배 장소를 구했고, 결국 솔로몬이 그것을 지었습니다.

48-50 그러나 지극히 높으신 하나님께서 목수와 석공이 만든 건물에 사신다는 뜻은 아닙니다. 예언자 이사야가 그것을 잘 기록했습니다.

> 하나님께서 말씀하신다. "하늘은 내 보좌이고
> 땅은 내 발을 쉬는 곳이다.
> 그러니 너희가 내게
> 무슨 집을 지어 주겠느냐?
> 내가 물러나 쉴 만한 곳이 어디 있느냐?
> 내 쉴 곳은 이미 지어져 있다. 내가 그곳을 지었다."

51-53 그런데 여러분은 계속해서 웬 고집입니까! 여러분의 마음은 딱딱하게 굳어 있고, 여러분의 귀는 꽉 막혀 있습니다! 성령을 고의로 무시하니, 여러분은 여러분의 조상들과 다를 바 없습니다. 예언자들 가운데 그 같은 대우를 받지 않은 사람이 일찍이 있었습니까? 여러분의 조상들은, 의로우신 이가 오실 것을 말하는 사람은 누구든지 죽였습니다. 이제 여러분이 가문의 전통을 잇고 있으니, 여러분은 모두 배반자이며 살인자입니다. 천사들이 선물 포장까지 해서 하나님의 율법을 전해 주었건만, 여러분은 그것을 함부로 써 버렸습

니다!"
54-56 그 말을 듣고 있던 사람들이 난폭해지더니, 야유와 휘
파람과 욕설을 퍼붓는 폭도로 변했다. 그러나 성령 충만한
스데반의 눈에는 그것이 보이지 않았다. 하나님밖에 보이지
않았다. 그는 모든 영광 가운데 계신 하나님과 그 곁에 서
계신 예수를 보았다. 그가 말했다. "아! 하늘이 활짝 열리고
인자가 하나님 곁에 서 계신 것이 보입니다!"
57-58 폭도의 고함과 야유가 스데반의 목소리를 삼켜 버렸다.
그들은 사정없이 달려들어 그를 시내 밖으로 끌어내어서,
그에게 돌을 던졌다. 주동자들이 겉옷을 벗어 놓고 사울이
라는 청년에게 지키게 했다.
59-60 돌이 비 오듯 쏟아지는데, 스데반이 기도했다. "주 예수
여, 내 생명을 받아 주십시오." 그런 다음 무릎을 꿇고, 모두
에게 들릴 만큼 큰소리로 기도했다. "주님, 이 죄를 저들에
게 돌리지 마십시오." 이것이 그의 마지막 말이었다. 그리
고 그는 숨을 거두었다.
1 사울이 바로 그 자리에 있었다. 그는 살인자들에게 축하의
말을 건넸다.

마술사 시몬

8 1-2 이 일을 계기로 예루살렘 교회에 무서운 박해가
시작되었다. 믿는 사람들이 모두 유대와 사마리아
전역으로 흩어졌다. 사도들만 빼고는 전부 흩어졌다. 선하

고 용감한 사람들이 스데반을 묻고, 엄숙하게 장례를 치러 주었다. 그날 많은 이들의 눈에 눈물이 마르지 않았다!

3-8 몹시 사나워진 사울은, 교회를 초토화했다. 그는 집집마다 들어가서, 남녀 할 것 없이 모조리 끌어다가 감옥에 넣었다. 본거지를 떠날 수밖에 없게 되자, 예수를 따르는 모든 이들은 선교사가 되었다. 어디로 흩어지든지, 그들은 예수에 대한 **메시지**를 전했다. 빌립은 사마리아의 한 성에 내려가, 메시아에 대한 **메시지**를 선포했다. 사람들은 그가 하는 말을 듣고 기적을 보았다. 하나님께서 행하시는 확실한 표적을 보고서, 그들은 그의 말을 한 마디도 놓치지 않았다. 일어서지도 걷지도 못하던 많은 사람들이 그날 고침을 받았다. 악한 귀신들이 쫓겨나면서 큰소리로 대들었다. 그 성에 큰 기쁨이 있었다!

9-11 빌립이 오기 전에, 시몬이라는 사람이 그 성에서 마술을 행했다. 그는 유명한 인물처럼 행세하며 마술로 모든 사마리아 사람들을 현혹했다. 어린아이부터 노인까지, 모두가 그의 말에 복종했다. 모든 사람이 그에게 초능력이 있는 줄 알고, 그를 "위대한 마술사"로 불렀다. 그는 그곳에 있은 지 오래되었고, 누구나 웬만큼은 그를 두려워하고 있었다.

12-13 그러나 빌립이 그 마을에 와서 하나님 나라의 소식을 전하고 예수 그리스도의 이름을 선포하자, 사람들은 시몬을 잊어버리고 곳곳에서 세례를 받고 믿는 사람이 되었다! 시몬도 믿고 세례를 받았다. 그 순간부터 그는 빌립을 그림자

처럼 좇아 다녔다. 하나님의 모든 표적과 기적에 매료되어,
그는 도무지 빌립의 곁을 떠나려 하지 않았다.
14-17 예루살렘에 있는 사도들이 사마리아 사람들이 하나님
의 메시지를 받아들였다는 보고를 듣고, 베드로와 요한을
보내 그들이 성령을 받도록 기도하게 했다. 그때까지 그들
은 주 예수의 이름으로 세례만 받았을 뿐, 아직 성령께서 그
들에게 오시지 않았다. 그때 사도들이 그들에게 안수하자
그들도 성령을 받았다.
18-19 시몬은 사도들이 안수만으로 성령을 받게 하는 것을 보
고는, 흥분하여 돈을 꺼내며 말했다. "당신들의 비밀을 내
게 파십시오! 어떻게 했는지 알려 주십시오! 얼마면 되겠습
니까? 부르는 대로 드리겠습니다!"
20-23 베드로가 말했다. "당신은 돈과 함께 망할 것이오! 하
나님의 선물을 돈으로 사려 하다니, 이 무슨 터무니없는 짓
이오! 흥정을 맺고 뇌물을 바쳐서는 하나님이 하시는 일에
절대로 참여할 수 없소. 지금 당장, 당신의 행실을 고치시
오! 하나님을 돈벌이에 이용하려고 했던 것을 용서해 달라
고 주님께 구하시오. 내가 보니, 이것은 당신의 고질적인 습
관이오. 당신한테서 돈을 탐하는 냄새가 진동하오."
24 시몬이 말했다. "오! 나를 위해 기도해 주십시오! 그런 일
이 내게 절대 일어나지 않도록 주님께 기도해 주십시오!"
25 그 말을 끝으로, 두 사도는 길을 떠나 하나님의 구원 메시
지를 계속해서 증거하고 널리 알렸다. 예루살렘으로 돌아가

는 길에도, 지나는 사마리아의 마을마다 **메시지**를 전했다.

에티오피아 내시

26-28 그 후에 하나님의 천사가 빌립에게 말했다. "오늘 정오
에, 예루살렘에서 가사로 내려가는 광야 길로 걸어가거라."
그는 서둘러 움직였다. 그는 길을 가던 에티오피아 내시를
만났다. 그 내시는 에티오피아 여왕 간다게의 재무대신으
로, 예루살렘으로 순례를 왔다가 에티오피아로 돌아가는 길
이었다. 그는 마차를 타고 가며 예언자 이사야의 글을 읽고
있었다.
29-30 성령께서 빌립에게 말씀하셨다. "마차에 올라타거라."
빌립은 옆으로 달려가, 내시가 이사야서를 읽는 소리를 듣
고 이렇게 물었다. "읽는 것이 이해가 됩니까?"
31-33 내시가 대답했다. "도와주는 사람이 없는데 어찌 이해
가 되겠습니까?" 그러고는 마차 안으로 빌립을 청했다. 그
가 읽고 있던 구절은 다음과 같았다.

도살당하러 끌려가는 양처럼
털 깎이는 어린양처럼 잠잠히,
그는 아무 말이 없었다.
공정한 재판도 없이 조롱과 멸시를 당했다.
그가 이 땅에서 격리되었으니
이제 누가 그를 자기 백성으로 여기겠는가?

34-35 내시가 말했다. "말해 주시오. 예언자가 지금 누구 이
야기를 하는 것입니까? 그 자신입니까, 아니면 다른 사람입
니까?" 빌립은 그 기회를 놓치지 않고, 그 구절을 본문 삼아
내시에게 예수를 전했다.
36-39 계속해서 길을 가다가, 그들은 냇가에 이르렀다. 내시
가 말했다. "여기 물이 있습니다. 내가 세례를 받지 못할 까
닭이 무엇이겠습니까?" 그는 마차를 멈추게 했다. 두 사람
은 물로 내려갔고, 빌립은 그 자리에서 그에게 세례를 주었
다. 그들이 물에서 올라올 때, 하나님의 영이 갑자기 빌립을
데려가셨다. 그 후로 내시는 빌립을 보지 못했다. 그러나 그
는 개의치 않았다. 그는 애초에 얻으려던 것을 얻었고, 더없
이 행복한 마음으로 길을 갈 수 있었다.
40 빌립은 아소도에 나타나 북쪽으로 계속 올라가면서, 그
길을 따라 있는 모든 마을에 **메시지**를 전했다. 그는 마침내
가이사랴에 도착했다.

눈먼 사울

9 1-2 그동안 사울은 주님의 제자들을 죽이려고 바싹
추적하고 있었다. 그는 대제사장에게 가서 다마스쿠
스의 여러 회당에 가져갈 체포 영장을 받았다. 거기서 이 도
(道)를 따르는 사람들을 찾으면, 남녀를 불문하고 체포해서
예루살렘으로 데려오려는 것이었다.
3-4 그는 길을 떠났다. 그가 다마스쿠스 외곽에 이르렀을 때,

갑자기 눈부시게 환한 빛 때문에 앞이 잘 보이지 않았다. 그
가 바닥에 쓰러졌는데, 한 음성이 들려왔다. "사울아, 사울
아, 왜 나를 해치려고 하느냐?"
5-6 그가 말했다. "주님, 누구십니까?"
"나는 네가 핍박하는 예수다. 너는 일어나 성 안으로 들어가
거라. 네가 무엇을 해야 할지 말해 줄 사람이 거기 있다."
7-9 그의 일행은 놀라서 말도 못하고 서 있었다. 그들은 소리
는 들었으나 아무도 보지 못했다. 바닥에서 몸을 일으킨 사
울은, 자신의 눈이 완전히 먼 것을 알았다. 일행이 그의 손
을 잡고 다마스쿠스로 데리고 들어갔다. 그는 사흘 동안 눈
이 먼 채로 있었다. 그는 아무것도 먹지 못하고, 아무것도
마시지 못했다.
10 다마스쿠스에 아나니아라는 제자가 있었다. 주께서 환상
가운데 그에게 말씀하셨다. "아나니아야."
"예, 주님!" 그가 대답했다.
11-12 "일어나서 '곧은 길'로 가거라. 유다의 집에서 다소 출신
사람 사울을 찾아라. 그가 거기서 기도하고 있다. 그가 방
금, 아나니아라는 사람이 집에 들어와서 자기에게 안수하여
다시 보게 하는 꿈을 꾸었다."
13-14 아나니아가 항의했다. "주님, 진심이 아니시겠지요. 모
두가 이 사람과 이 사람이 여태까지 행한 끔찍한 일들과, 예
루살렘에 있는 주님의 백성에게 저지른 만행에 대해 말하
고 있습니다! 이제 그는, 우리에게도 똑같이 할 수 있는 권

한이 적힌 문서를 대제사장한테서 받아서 여기 나타난 것
입니다."
15-16 그러자 주님이 말씀하셨다. "이유를 묻지 말고 가거라!
내가 그를 이방인과 왕과 유대인들 앞에 세울 나의 대리인
으로 뽑았다. 이제 나는 장차 그가 당할 일, 곧 이 일에 따르
는 혹독한 고난을 그에게 보여줄 것이다."
17-19 아나니아가 그 집을 찾아가서, 눈이 먼 사울에게 안수
하고 말했다. "사울 형제여, 당신이 여기 오는 길에 뵈었던
주님이신 예수께서, 당신이 다시 보고 성령으로 충만해지
도록 나를 보내셨습니다." 그의 입에서 말이 떨어지자마자,
사울의 눈에서 비늘 같은 것이 떨어졌다. 사울은 다시 보게
되었다! 사울은 일어나 세례를 받고, 그들과 함께 앉아 음식
을 먹고 힘을 얻었다.

사울을 죽이려는 음모

19-21 사울은 다마스쿠스에 있는 형제들과 며칠을 보내며 친
해졌다. 그 후 사울은 한시도 허비하지 않고, 곧바로 일을
시작했다. 사울은 여러 회당에서 예수가 하나님의 아들이
심을 전했다. 사람들은 예기치 못한 그의 말에 놀라서, 그를
믿어야 할지 분간이 서지 않아 이렇게 되뇌었다. "이 사람은
예루살렘에서 믿는 이들을 파멸시키던 자가 아닌가? 그가
여기에 온 것도 똑같은 일을 하려고 온 것이 아닌가? 우리
를 체포하고 예루살렘 감옥으로 끌고 가서 대제사장들의 판

결을 받게 하려는 것일 텐데?"
22 그러나 그들의 의심에도 불구하고 사울은 한순간도 주춤
하지 않았다. 오히려 그는 더욱 힘을 얻어, 반대 세력을 정면
돌파해 갔다. 그는 다마스쿠스의 유대인들의 의심을 누그러
뜨리면서, 예수가 메시아이심을 그들에게 힘써 증명했다.
23-25 긴 시간이 흐른 후에, 몇몇 유대인들이 그를 죽이기로
모의했으나 그 말이 사울의 귀에 들어갔다. 유대인들은 그
를 죽이려고 불철주야 성문을 감시하고 있었다. 그러던 어
느날 밤에, 제자들이 그를 광주리에 담아 벽으로 달아 내려
탈출시켰다.
26-27 사울은 예루살렘으로 돌아와 제자들의 무리에 들려고
했으나, 모두가 그를 두려워했다. 그들은 사울을 조금도 믿
지 않았다. 그때 바나바가 그를 감싸 주었다. 바나바는 사도
들에게 사울을 소개하며 그를 옹호했다. 사울이 다마스쿠스
길에서 어떻게 주님을 만나 그분과 대화했는지, 다마스쿠스
현지에서 어떻게 목숨을 걸고 예수의 이름을 담대히 전했는
지 사도들에게 말해 주었다.
28-30 그 후로 사울은 그들 가운데 하나로 받아들여져, 아무
의혹도 사지 않고 예루살렘에 드나들며 제약 없이 주님의
이름으로 전했다. 그러나 그는, 그리스 말을 하는 유대인 무
리와 부딪치며 그들과 잇단 논쟁을 벌였다. 그들은 사울을
죽이려는 음모를 꾸몄다. 그러나 그의 동료들이 그 음모를
알고 그를 성 밖으로 빼돌려 가이사랴로 데려갔다. 거기서

그를 배에 태워 다소로 보냈다.
31 그 후에 사태가 진정되고, 교회는 한동안 순항했다. 유대
와 사마리아와 갈릴리 등 모든 지역에서 교회가 성장했다.
하나님을 깊이 경외하는 마음이 그들 속에 충만했다. 성령
께서 그들과 함께 계셔서 그들에게 힘을 주셨다. 그들은 놀
랍도록 번성했다.

다비다

32-35 베드로가 모든 교회를 방문하는 사명을 가지고 길을 떠
났다. 여행중에 그는, 룻다에 도착해 그곳에 있는 믿는 사람
들을 만났다. 그는 애니아라는 사람과 마주쳤는데, 그 사람
은 몸이 마비되어 팔 년째 자리에 누워 있었다. 베드로가 말
했다. "애니아야, 예수 그리스도께서 너를 낫게 하신다. 일
어나서 자리를 정돈하여라!" 그러자 그가 그대로 했다. 자
리에서 벌떡 일어난 것이다. 룻다와 샤론에 사는 모든 사람
이 그가 걸어 다니는 것을 보고, 하나님께서 자기들 가운데
살아 역사하신다는 사실에 눈을 뜨게 되었다.
36-37 거기서 조금 떨어진 욥바에 다비다라는 제자가 있었는
데, 그 이름은 '도르가'(산양)라는 뜻이다. 그녀의 선행과 구
제는 잘 알려져 있었다. 베드로가 그 지역에 있는 동안 그녀
가 병이 들어 죽었다. 그녀의 친구들이 장례를 치르려고 시
신을 수습해 서늘한 방에 두었다.
38-40 마침 베드로가 인근 룻다를 방문중이라는 말을 들은 몇

몇 제자들이, 그에게 두 사람을 보내어 그들이 있는 곳으로 와 줄 수 있는지 물었다. 베드로는 즉시 일어나 그들과 함께 갔다. 그들은 다비다의 시신을 안치해 둔 방으로 그를 안내했다. 대부분 과부인 고인의 옛 친구들이 방 안에서 울고 있었다. 그들은 도르가가 살아 있을 때 만들어 둔 옷가지들을 베드로에게 보여주었다. 베드로가 과부들을 방에서 내보내고 무릎을 꿇고 기도했다. 그리고 시신에 대고 직접 말했다. "다비다야, 일어나라."

40-41 다비다가 눈을 떴다. 그리고 베드로를 보더니, 일어나 앉았다. 그는 다비다의 손을 잡아 일으켰다. 그러고는 믿는 사람들과 과부들을 불러들여, 살아난 그녀를 보여주었다.

42-43 이 일이 욥바 전체에 알려지자, 많은 사람들이 주님을 믿었다. 베드로는 가죽가공업을 하는 시몬의 손님으로 욥바에 오랫동안 머물렀다.

베드로의 환상

10 1-3 가이사랴에 고넬료라는 사람이 살고 있었다. 그는 그곳에 주둔한 이탈리아 경비대의 지휘관이었는데, 선하기 그지없는 사람이었다. 그는 자기 집안 사람들 모두가 하나님 앞에서 예배하며 살도록 이끌었다. 뿐만 아니라 늘 어려운 사람들을 도와주었고, 기도가 몸에 배어 있었다. 하루는 오후 세 시쯤에 그가 환상을 보았다. 하나님의 천사가 옆집 사람만큼이나 생생한 모습으로 들어와

서 말했다. "고넬료야."
4-6 고넬료는 자기가 허깨비를 보는가 싶어, 유심히 쳐다보
았다. 그러고는 말했다. "무슨 일이십니까?"
천사가 말했다. "하나님께서 네 기도와, 이웃을 돌보는 네 행
실을 보시고 너를 주목하셨다. 지금부터 이렇게 하여라. 사
람들을 욥바로 보내서, 베드로라 하는 시몬을 데려오너라.
그는 바닷가에 있는 가죽가공업자 시몬의 집에 묵고 있다."
7-8 천사가 떠나자, 고넬료는 하인 둘과 경비대의 경건한
병사 하나를 불렀다. 그는 방금 있었던 일의 자초지종을
자세히 들려주고, 그들을 욥바로 보냈다.
9-13 이튿날 세 사람이 그 성에 이를 무렵, 베드로가 기도하
러 발코니로 나갔다. 때는 정오쯤이었다. 베드로는 배가 고
파서 점심 생각이 났다. 점심식사가 준비되는 동안, 그는 비
몽사몽간에 하늘이 열리는 것을 보았다. 네 귀퉁이를 줄에
매단 커다란 보자기 같은 것이 땅바닥으로 내려왔다. 온갖
잡다한 짐승이며 파충류며 새들이 그 안에 있었다. 그러더
니 한 음성이 들려왔다. "베드로야, 어서 잡아먹어라."
14 베드로가 말했다. "안됩니다, 주님. 지금까지 저는 부정
한 음식은 입에 대 본 적이 없습니다."
15 두 번째로 음성이 들려왔다. "하나님께서 괜찮다고 하시
면 괜찮은 것이다."
16 그런 일이 세 번 있고 나서, 보자기가 다시 하늘로 들려
올라갔다.

17-20 베드로가 어리둥절하여 그 모든 것이 무슨 뜻인지 생각
하며 앉아 있는데, 고넬료가 보낸 사람들이 시몬의 집 현관
에 나타났다. 그들은 베드로라 하는 시몬이 그 집에 묵고 있
는지 안에 대고 물었다. 베드로는 생각에 잠겨 있느라 그 말
을 듣지 못했다. 성령께서 그에게 속삭이셨다. “세 사람이
문을 두드리며 너를 찾고 있다. 내려가서 그들과 함께 가거
라. 아무것도 묻지 마라. 내가 보낸 사람들이다.”
21 베드로가 내려가서 그 사람들에게 말했다. “여러분이 찾
고 있는 사람이 나인 것 같습니다. 무슨 일입니까?”
22-23 그들이 말했다. “고넬료 지휘관님은 의롭게 행하며 하
나님을 경외하는 분으로 널리 알려져 있습니다. 이 부근에
사는 유대인들 아무한테나 물어보시면 압니다. 그런데 거룩
한 천사가 그분께 명하기를, 당신을 찾아서 집으로 모셔다
가 당신의 말을 들으라고 했습니다.” 베드로는 그들을 집 안
으로 들여 편히 쉬게 했다.

하나님은 차별하지 않으신다

23-26 이튿날 아침에, 베드로가 일어나 그들과 함께 갔다.
욥바에 있던 그의 동료 몇 사람도 함께 갔다. 그 다음날 그
들은 가이사랴로 들어갔다. 고넬료는 그들이 올 것을 기대
하며 친척과 가까운 친구들을 불러서 함께 기다리고 있었
다. 베드로가 문에 들어서자, 고넬료가 일어나 그를 맞았
다. 그러고는 엎드려 그에게 경배했다! 베드로가 고넬료를

잡아 일으키며 말했다. "안될 일입니다! 나도 한낱 사람에 불과합니다. 당신과 다를 바 없는 사람일 뿐입니다."

27-29 그들은 말을 주고받으며 집 안으로 들어갔다. 고넬료는 모여 있는 모든 사람에게 베드로를 소개했다. 베드로가 그들에게 말했다. "여러분도 알다시피, 이것은 아주 이례적인 일입니다. 유대인들은 절대로 다른 민족 사람들을 찾아가서 편하게 어울리지 않습니다. 그러나 어느 민족도 다른 민족보다 나을 게 없다는 것을 하나님이 내게 보여주셨습니다. 그래서 여러분이 나를 부르러 왔을 때에, 내가 아무것도 묻지 않고 따라온 것입니다. 이제 여러분이 왜 나를 불렀는지 들어 보고 싶습니다."

30-32 고넬료가 말했다. "나흘 전 이맘때인 오후 세 시쯤에, 내가 집에서 기도하고 있는데, 갑자기 내 앞에 어떤 사람이 나타나면서 방 안에 빛이 가득했습니다. 그 사람이 말하기를, '고넬료야, 하나님께서 네가 드리는 매일의 기도와, 이웃을 돌보는 네 행실을 보시고 너를 주목하셨다. 이제 너는 욥바에 사람을 보내, 베드로라 하는 시몬을 데려오너라. 그는 바닷가에 있는 가죽가공업자 시몬의 집에 묵고 있다' 고 했습니다.

33 나는 그 말대로, 당신을 부르러 사람들을 보냈습니다. 고맙게도 당신은 이렇게 와 주셨습니다. 이제 우리 모두가 하나님 앞에 모여 있습니다. 주님께서 우리에게 말하라고 당신 마음에 두신 것이면, 무엇이든 들을 준비가 되어 있습니다."

34-36 그분의 복된 소식을 전하는 베드로의 가슴은 터질 듯했
다. "이보다 더 확실한 하나님의 진리는 없습니다. 하나님
은 차별하지 않으십니다! 여러분이 누구이며 어디 출신인
지는 하나도 중요하지 않습니다. 여러분이 하나님을 원하고
그분의 말씀대로 행할 각오가 되어 있다면, 문은 열려 있습
니다. 그분은, 예수 그리스도로 말미암아 모든 것이 다시 회
복되고 있다는 **메시지**를 이스라엘 자손에게 보내셨습니다.
이제 그분은, 어느 곳에서든 누구에게나 그 일을 행하고 계
십니다.
37-38 유대에서 있었던 일은 여러분도 이미 알고 있습니다.
그 일은 세례자 요한이 전적인 삶의 변화를 전한 뒤에 갈릴
리에서 시작되었습니다. 그때 예수께서 나사렛에서 오셔서,
하나님께 성령으로 기름부음을 받으셨습니다. 이로써 활동
하실 준비가 되신 것입니다. 그분은 온 나라를 다니시며 사
람들을 도우시고, 마귀에게 짓눌린 모든 사람을 고쳐 주셨
습니다. 예수께서 이 모든 일을 하실 수 있었던 것은, 하나
님께서 함께하셨기 때문입니다.
39-43 우리는 그 일을 보았습니다. 유대인의 땅과 예루살렘에
서 그분이 행하신 모든 일을 보았습니다. 예루살렘에서 사
람들이 그분을 십자가에 매달아 죽였습니다. 그러나 하나님
께서 사흘째 되는 날에 그분을 일으켜 다시 살리시고, 나타
내 보이셨습니다. 모든 사람이 그분을 본 것은 아닙니다. 그
분이 공개적으로, 누구에게나 드러나신 것은 아닙니다. 하

나님께서 미리 신중하게 증인들을 택하셨습니다. 우리가 바로 그 증인들입니다! 그분이 죽은 자들 가운데서 살아나신 뒤에, 그분과 함께 먹고 마신 사람들이 바로 우리입니다. 그분은 이 일을 공개적으로 알리는 일을 우리에게 맡기셨습니다. 하나님께서 산 자와 죽은 자의 심판자로 정하신 이가 바로 예수이심을 엄숙히 증거하는 일을 우리에게 맡기신 것입니다. 그러나 이 일에 우리만 참여한 것은 아닙니다. 그분을 통해 죄를 용서받는다는 우리의 증언은, 모든 예언자의 증언이 뒷받침합니다."

44-46 베드로의 입에서 이 말이 떨어지자마자, 듣고 있던 사람들에게 성령이 임하셨다. 베드로와 함께 온 믿는 유대인들은 믿기지 않았다. 유대인이 아닌 이방인들에게 성령의 선물이 부어지는 것이 도무지 믿기지 않았던 것이다. 그러나 분명한 사실이었다. 그들은 이방인들이 방언으로 말하고, 하나님을 찬양하는 소리를 들었다.

46-48 그러자 베드로가 말했다. "이 벗들에게 물로 세례를 주는 데 이의가 있습니까? 이들도 우리와 똑같은 성령을 받았습니다." 아무런 이의가 없자, 그는 그들에게 명하여 예수 그리스도의 이름으로 세례를 받게 했다.

그들은 베드로에게 며칠 더 묵어 가기를 청했다.

돌파해 들어가시는 하나님

11 1-3 소식이 빠르게 퍼져서, 예루살렘에 있는 지도
자와 동료들도 곧 그 이야기를 들었다. 유대인이
아닌 이방인들도 이제 하나님의 메시지를 받아들였다는 소
식을 들은 것이다. 베드로가 예루살렘에 돌아오자, 그의 옛
동료 가운데 할례를 중시하는 몇몇 사람들이 그를 나무랐
다. "당신이 그 무리와 어깨를 맞대고 금지된 음식을 먹으며
우리 이름에 먹칠을 하다니, 도대체 어찌 된 일입니까?"
4-6 그러자 베드로가 그들에게 처음부터 차근차근 설명했다.
"최근에 내가 욥바 성에서 기도하고 있었는데, 비몽사몽간
에 환상을 보았습니다. 네 귀퉁이를 줄에 매단 커다란 보자
기 같은 것이 하늘에서 내 앞 땅바닥으로 내려왔습니다. 보
자기 안에는 가축이며 들짐승이며 파충류며 새들이 가득했
습니다. 그야말로 없는 게 없었습니다. 나는 넋을 잃고서,
유심히 보았습니다.
7-10 그때 한 음성이 들려왔습니다. '베드로야, 어서 잡아먹
어라.' 나는 말했습니다. '안됩니다, 주님. 지금까지 저는
부정한 음식은 입에 대 본 적이 없습니다.' 그 음성이 다시
들려왔습니다. '하나님께서 괜찮다고 하시면 괜찮은 것이
다.' 그런 일이 세 번 있고 나서, 보자기가 다시 하늘로 들
려 올라갔습니다.
11-14 바로 그때, 내가 묵고 있던 집에 세 사람이 나타났습니
다. 가이사랴에서 나를 데리러 온 사람들이었습니다. 성령

께서 내게 아무것도 묻지 말고 그들과 함께 가라고 하셨습니다. 그래서 나와 여섯 동료는, 나를 부른 사람에게 갔습니다. 그 사람은, 천사가 옆집 사람만큼이나 생생한 모습으로 자기 집에 와서는 '욥바로 사람을 보내서, 베드로라 하는 시몬을 데려오너라. 그가 너에게 네 생명뿐 아니라 네가 아끼는 모든 사람의 생명까지도 구원할 말을 해줄 것이다' 하고 말했다고 했습니다.

15-17 그래서 나는 말을 시작했습니다. 그런데 대여섯 문장도 채 말하기 전에 성령이 그들에게 임하셨는데, 처음 우리에게 임하실 때와 같았습니다. '요한은 물로 세례를 주었지만, 너희는 성령으로 세례를 받을 것이다' 하신 예수의 말씀이 떠올랐습니다. 그러니 내가 묻겠습니다. 하나님께서 우리가 주 예수 그리스도를 믿을 때 우리에게 주신 것과 동일한 선물을 그들에게도 주신다면, 내가 어떻게 하나님을 막을 수 있겠습니까?"

18 그들은 베드로가 전한 말을 다 듣더니, 잠잠해졌다. 그 의미가 마음 깊이 스며들자, 하나님을 찬양하기 시작했다. "이 일이 정말 일어났다! 하나님께서 다른 나라들로 돌파해 들어가셔서, 그들의 마음을 열어 생명을 주셨다!"

19-21 스데반의 죽음으로 촉발된 박해 때문에 사람들이 멀리 페니키아와 키프로스와 안디옥까지 갔으나, 그들은 여전히 유대인들과만 말하며 교제하고 있었다. 그때 키프로스와 구레네 출신으로 안디옥에 와 있던 몇몇 사람들이 그리스 사

람들과 말하기 시작하며, 그들에게 주 예수의 메시지를 전
했다. 하나님께서 그들이 하는 일을 기뻐하시며, 그들의 일
을 인정해 주셨다. 아주 많은 그리스 사람들이 믿고 주님께
돌아왔다.
22-24 예루살렘 교회가 이 소식을 듣고, 바나바를 안디옥에
보내 상황을 알아보게 했다. 바나바는 도착하자마자, 그 모
든 일의 배후와 중심에 하나님이 계심을 보았다. 그는 적극
적으로 그들과 함께하면서 그들을 지원했고, 남은 평생을
지금과 같이 살도록 그들을 권면했다. 바나바는 선한 사람
이었으며, 뜨겁고 담대하게 성령의 길로 행하는 사람이었
다. 그 공동체는 주님 안에서 크고 강하게 성장했다.
25-26 그 후에 바나바는 사울을 찾으러 다소로 갔다. 거기서
사울을 만나, 안디옥으로 돌아왔다. 그들은 꼬박 일 년 동안
그곳 교회에 머물면서, 많은 사람들을 가르쳤다. 제자들이
처음으로 "그리스도인"이라고 불린 것도 안디옥에서였다.
27-30 거의 같은 시기에, 몇몇 예언자들이 예루살렘에서 안
디옥으로 왔다. 그 가운데 아가보라는 사람이 있었다. 하
루는 그가 성령에 이끌려 일어서더니, 조만간 극심한 기근
으로 나라가 황폐해질 것이라고 경고했다. (기근은 결국 글
라우디오 황제 재임중에 닥쳤다.) 제자들은 각자 힘닿는 대
로, 유대에 있는 동료 그리스도인들에게 도움이 되는 것은
무엇이든 보내기로 했다. 그들은 그 모은 것을 바나바와 사
울 편에 보내 예루살렘의 지도자들에게 전달하도록 했다.

투옥된 베드로가 풀려나다

12 1-4 바로 그 무렵, 헤롯 왕의 머릿속에 교회 구성
원 몇몇을 처단할 생각이 들었다. 그는 요한의
형제 야고보를 죽였다. 그 일로 인해 유대인들한테 자신의
인기가 부쩍 높아진 것을 알게 된 헤롯은, 이번에는 베드로
를 잡아들여 감옥에 가두고, 사인조 병사 네 개 조로 그를
감시하게 했다. 이 모든 일이 유월절 주간에 일어났다. 헤롯
은 유월절이 지난 후에 베드로를 공개 처형할 작정이었다.
5 베드로가 감옥에서 삼엄한 경비를 받고 있는 동안에, 교회
는 그를 위해 더욱 맹렬히 기도했다.
6 드디어 헤롯이 그를 끌어내어 처형할 때가 다가왔다. 그날
밤, 베드로는 양쪽에 한 명씩 두 병사 틈에 쇠사슬로 묶여
있으면서도, 아기처럼 잘 잤다. 문에는 경비병들이 감시하
고 있었다. 헤롯은 빈틈을 보이지 않았다!
7-9 갑자기 한 천사가 베드로 곁에 나타나고, 감옥에 빛이
가득했다. 천사가 베드로를 흔들어 깨웠다. "서둘러라!"
그의 팔목에서 쇠사슬이 벗겨졌다. 천사가 말했다. "옷을
입고 신발을 신어라." 베드로는 시키는 대로 했다. 그러자
천사가 말했다. "네 겉옷을 들고 여기서 나가자." 베드로
는 따라가면서도, 그가 정말 천사라고는 믿지 않았다. 그
는 자기가 꿈을 꾸고 있다고 생각했다.
10-11 그들은 첫째 경비병을 지나고 둘째 경비병을 지나, 시
내로 통하는 철문에 이르렀다. 그들 앞에서 문이 저절로 활

짝 열렸다. 어느새 그들은 바람처럼 자유롭게 거리에 나와 있었다. 첫 교차로에서 천사는 베드로를 두고 자기 길로 갔다. 그제야 베드로는 그것이 꿈이 아닌 것을 알았다. "이런 일이 정말로 벌어지다니 믿기지 않는다! 주님이 천사를 보내셔서, 헤롯의 악하고 옹졸한 수작과, 구경거리를 기대하는 유대인 폭도에게서 나를 구해 주셨구나."

12-14 놀라움에 고개를 저으며, 그는 요한 마가의 어머니 마리아의 집으로 갔다. 그 집은 기도하는 동료들로 가득 차 있었다. 그가 마당으로 난 문을 두드리자, 로데라는 젊은 여자가 누구인지 보러 나왔다. 로데는 목소리를 듣고 그가 누구인지 알았다. 베드로였다! 그녀는 너무 흥분한 나머지 베드로를 길에 세워 두고 문을 열어 주는 것도 잊은 채, 그가 왔다는 사실을 모두에게 알렸다.

15-16 그러나 사람들은 로데의 말을 믿으려 하지 않았다. 그녀와, 그녀의 말을 모두 무시해 버렸다. 그들은 "네가 미쳤다"고 말했다. 로데는 뜻을 굽히지 않았다. 그래도 그들은 그녀의 말을 믿으려 하지 않았고, "베드로의 천사가 틀림없다"고 말했다. 그동안에 베드로는 계속 바깥에 서서 문을 두드리고 있었다.

16-17 마침내 그들이 문을 열어 베드로를 보았다. 그들은 몹시 흥분했다! 베드로가 손을 들어 그들을 진정시켰다. 그는 주님께서 어떻게 자기를 감옥에서 빼내 주셨는지 설명한 뒤에, "야고보와 형제들에게 이 일을 알리십시오" 하고 말했

다. 그러고는 그들을 떠나 다른 곳으로 갔다.
18-19 동이 트자, 감옥에서는 난리가 났다. "베드로는 어디 있지? 베드로가 어떻게 된 거지?" 헤롯이 그를 데려오라고 사람을 보냈다. 그러나 간수들이 그를 데려오지도 않고 이유도 대지 못하자, 헤롯은 그들을 사형에 처하라고 명령했다. "저들의 머리를 쳐라!" 유대와 유대인들이 지긋지긋해진 헤롯은, 가이사랴로 휴식을 취하러 갔다.

헤롯의 죽음

20-22 그러나 헤롯의 상황은 악화일로로 치달았다. 두로와 시돈 사람들은 헤롯의 분노를 사고 있었다. 그들은 왕의 오른팔인 블라스도에게 자기들을 옹호해 달라고 청원하는 한편, 사태를 원만하게 해결하기 위해 대표단을 소집했다. 그들은 유대로부터 식량을 공급받고 있었으므로, 마냥 버틸 처지가 못 되었다. 대표단을 만나기로 한 날이 되자, 헤롯은 화려하게 차려입고 보좌에 앉아 잔뜩 허세를 부렸다. 백성은 백성대로 자기 역할을 충실히 했다. "이것은 신의 목소리다! 신의 목소리다!" 하고 소리 높여 그에게 아첨했다.
23 그것이 불행의 시작이었다. 헤롯의 교만을 더는 볼 수 없었던 하나님께서 천사를 보내 그를 치셨다. 헤롯은 어떤 일에도 하나님께 영광을 돌린 적이 없었다. 뼛속까지 부패하고 비루한 헤롯은, 그렇게 쓰러져 죽었다.
24 한편, 하나님의 말씀 사역은 하루가 다르게 크게 성장했다.

25 바나바와 사울은 예루살렘 교회에 구제 헌금을 전달하고 나서, 안디옥으로 돌아왔다. 이번에는 마가라 하는 요한도 데리고 왔다.

바나바와 사울 그리고 만물박사

13

1-2 복되게도 안디옥의 회중에게는 예언자—설교자와 교사들이 많았다.

바나바
니게르라고 하는 시므온
구레네 사람 루기오
통치자 헤롯의 조언자, 마나엔
사울.

하루는 그들이 인도하심을 바라며 금식하고 하나님을 예배하는데, 성령께서 말씀하셨다. "바나바와 사울을 따로 세워 내가 그들에게 명하는 일을 맡겨라."
3 그들은 그 두 사람을 세웠다. 그리고 간절함과 순종하는 마음으로, 금식과 기도 가운데 안수하여 두 사람을 떠나보냈다.
4-5 성령께 새로운 사명을 받아 길을 떠난 바나바와 사울은, 실루기아로 내려가 키프로스로 가는 배에 올랐다. 살라미에 닿자마자, 그들은 가장 먼저, 유대인의 여러 회당에서 하나님의 말씀을 전했다. 그들은 자신들을 도와줄 동료로 요한

을 데리고 갔다.
6-7 그들은 섬 전역을 다니다가, 바보에서 유대인 마술사와 마주쳤다. 그는 애를 써서 총독 서기오 바울의 신임을 얻어 낸 사람이었다. 총독은 웬만해서는 협잡꾼에게 넘어가지 않는 똑똑한 사람이었다. 바예수라 하는 그 마술사는, 비뚤어질 대로 비뚤어진 인간이었다.
7-11 바나바와 사울에게서 하나님의 말씀을 직접 듣고 싶었던 총독은, 그들을 불러들였다. 그러나 '만물박사'(그 마술사의 이름을 우리 식으로 풀면 이런 뜻이다)는, 총독의 주의를 흩뜨려서 믿지 못하게 하려고 애를 썼다. 그러나 성령이 충만한 사울—곧 바울—이 그의 눈을 똑바로 쳐다보며 말했다. "마귀의 흉내나 내는 허풍선이야, 너는 사람들을 속여 하나님을 믿지 못하게 하려고 잠도 안 자고 계략을 꾸미는구나. 그러나 이제 네가 하나님과 직접 부딪쳤으니, 네 장난질은 끝났다. 너는 눈이 멀어서 오랫동안 햇빛을 보지 못할 것이다." 그는 곧 어두운 안개 속에 빠져들어 주변을 더듬거렸다. 사람들에게 자기 손을 잡고 길을 알려 달라고 간청했다.
12 총독은 그 일어난 일을 보고, 주님을 믿었다. 그는 그들이 주님에 대해 하는 말을 듣고 대단한 열의를 보였다.

모든 이방인에게 문이 열리다

13-14 바울 일행은, 바보에서 출항해 밤빌리아의 버가로 향해 했다. 거기서 요한이 중도에 포기하고 예루살렘으로 돌아갔

다. 나머지 일행은 버가에서 비시디아의 안디옥으로 이동했다.

14-15 안식일에 그들은 회당에 가서 자리에 앉았다. 성경, 곧 하나님의 율법과 예언서를 읽은 뒤에 회당장이 그들에게 물었다. "형제 여러분, 혹시 격려의 말이나 전하고 싶은 말이 있습니까?"

16-20 바울이 일어나 잠시 숨을 고르고 나서 말했다. "이스라엘 동포 여러분, 하나님과 벗이 되신 여러분, 들어 보십시오. 하나님께서는 우리 조상에게 특별한 관심을 두셔서, 이집트에서 짓밟히던 나그네 된 우리 민족을 일으켜 세우시고, 거기서 장엄하게 이끌어 내셨습니다. 그분은 황량한 광야에서 사십 년 가까이 그들을 돌보아 주셨습니다. 그 후에, 앞길을 가로막는 일곱 적국을 쓸어버리시고, 가나안 땅을 그들의 소유로 주셨습니다. 그 기간이 사백오십 년에 달합니다.

20-22 예언자 사무엘 때까지, 하나님은 사사들을 보내셔서 그들을 이끌게 하셨습니다. 그러나 그들은 왕을 요구했고, 결국 하나님은 베냐민 지파에서 기스의 아들 사울을 택하여 그들에게 주셨습니다. 사울이 사십 년을 다스린 뒤에, 하나님은 그를 왕위에서 제하시고, 그 자리에 다윗을 왕으로 세우시며 이렇게 말씀하셨습니다. '내가 땅을 두루 살펴 이새의 아들 다윗을 찾았다. 그는 내 마음에 합한 사람, 내가 말하는 것을 그대로 행할 사람이다.'

23-25 약속대로 하나님께서는 다윗의 후손에서 이스라엘을
위한 구주, 곧 예수를 보내셨습니다. 그 전에 요한으로 하
여금 그분이 오실 것을 백성에게 경고하게 하셔서, 전적으
로 삶을 고치도록 그들을 준비시키셨습니다. 요한은 자기
일을 마무리하면서 이렇게 말했습니다. '너희는 내가 그분
인 줄 알았더냐? 아니다. 나는 그분이 아니다. 그러나 너희
가 그토록 오랜 세월 동안 기다려 온 그분이 가까이 와 계
신다. 그분이 곧 나타나실 것이다. 그리고 나는 곧 사라질
것이다.'
26-29 사랑하는 형제자매 여러분, 아브라함의 자손이요 하나
님과 벗이 되신 여러분, 이 구원의 메시지를 들어야 할 사람
은 바로 여러분이었습니다. 예루살렘 시민과 통치자들은 그
분이 누구신지 알아보지 못하고 그분께 사형을 선고했습니
다. 정당한 이유가 없는데도 무조건 빌라도에게 처형을 요
구했습니다. 그들은 예언자들이 말한 그대로 행한 것입니
다. 그들은 안식일마다 회당에서 예언자들의 글을 읽으면서
도, 정작 자신들이 그 예언자들의 각본을 글자 그대로 따르
고 있다는 사실을 몰랐습니다.
29-31 예언자들의 말대로 다 행한 뒤에, 그들은 그분을 십자가
에서 내려다가 무덤에 두었습니다. 그러나 하나님께서 그분
을 죽음에서 다시 살리셨습니다. 그 후에 그분은, 갈릴리 시
절부터 그분을 잘 알던 이들에게 여러 곳에서 여러 번에 걸
쳐 나타나셨고, 바로 그들이 그분의 살아 계심을 계속해서

증거하고 있습니다. 이것은 논쟁의 여지가 없는 사실입니다.
32-35 오늘 우리도 여러분에게 복된 소식을 가져왔습니다. 그것은 바로, 하나님께서 우리 조상에게 하신 약속이, 그 후손인 우리에게 성취되었다는 **메시지**입니다! 시편 2편에 정확히 기록된 것처럼, 하나님께서 예수를 살리셨습니다.

내 아들! 내 소중한 아들아!
오늘 내가 너를 기뻐한다!

그분을 죽은 자들 가운데서 살리실 때, 하나님은 영원히 그렇게 하신 것입니다. 그 예수가 썩고 부패한 것으로 다시 돌아가실 일은 없습니다. 그래서 이사야는 '내가 다윗의 약속된 축복을 너희 모두에게 주겠다'고 한 것입니다. 시편 기자도 이렇게 기도했습니다. '주님께서는 주님의 거룩하신 분이 썩고 부패한 것을 다시 보지 않게 하실 것입니다.'
36-39 물론 다윗은 하나님이 맡기신 일을 다 마치고 나서, 오늘까지 긴 세월을 흙과 재가 되어 무덤 속에 있습니다. 그러나 하나님이 살리신 예수는, 흙과 재가 되는 일이 없습니다! 내가 참으로 사랑하는 친구 여러분, 여러분에게 죄 용서의 약속이 주어진 것은, 바로 부활하신 이 예수 때문임을 아시기 바랍니다. 그분은 모세의 율법이 결코 해낼 수 없었던 일을, 믿는 사람들 안에서 모두 성취하십니다. 부활하신 이 예수를 믿는 사람은, 누구나 하나님 앞에서 선하고 의롭고 온

전하다고 선포됩니다.
40-41 이것을 가볍게 여기지 마십시오. 다음과 같은 예언자의 설교가 여러분을 묘사한 것이어서는 안될 것입니다.

조심하여라, 비웃는 자들아.
뚫어지게 보아라, 너희의 세상이 산산조각 나는 것을.
내가 바로 너희 눈앞에서 일을 행할 것인데,
그 일이 눈앞에 닥쳐도 너희는 믿지 않을 것이다."

42-43 예배가 끝나자, 바울과 바나바는 다음 안식일에도 설교해 달라는 초청을 받았다. 모임이 끝나자, 아주 많은 유대인과 유대교 개종자들이 바울과 바나바를 따라갔다. 두 사람은 그들과 긴 대화를 나누면서, 그들이 시작한 삶, 곧 하나님의 은혜와 그 은혜 안에서 사는 삶에 머물러 있으라고 권면했다.
44-45 다음 안식일이 돌아오자, 도시 전체가 하나님의 말씀을 들으려고 모여들었다. 일부 유대인들이 그 무리를 보고는, 시기심에 휩싸여 바울을 심하게 비난했다. 그들은 바울의 말을 일일이 반박하며 소란을 피웠다.
46-47 그러나 바울과 바나바는 물러서지 않았다. 그들은 자신들의 입장을 굽히지 않고 이렇게 말했다. "본래 하나님의 말씀은 유대인 여러분에게 먼저 전해지도록 되어 있었습니다. 그러나 여러분은 그 말씀에 관여할 마음이 전혀 없고, 영원

한 생명에 대해서도 아무 관심과 마음이 없음을 아주 분명히 했습니다. 그래서 모든 이방인에게 문이 열렸습니다. 우리는 그 문을 통해 나아가면서, 하나님께서 명령하신 대로 행합니다. 그분께서 이렇게 말씀하셨습니다.

내가 너를 모든 민족의
빛으로 세웠다.
너는 온 땅과 바다 끝까지
구원을 선포할 것이다!"

48-49 이 말을 들은 이방인들은, 자신들이 받은 복이 믿기지 않을 만큼 좋았다. 참된 생명을 얻도록 정해진 사람들은 모두 하나님을 믿었다. 그들은 그 생명을 받아들임으로써, 하나님의 말씀을 존귀히 여겼다. 이 구원의 메시지는 그 지역 곳곳으로 들불처럼 퍼져나갔다.

50-52 일부 유대인들이 그 성의 존경받는 여자들과 지도자급 남자들을 선동해서, 그들의 소중한 생활방식이 곧 훼손될 것이라고 믿게 했다. 그 말에 놀란 그들은 바울과 바나바를 적대하면서 강제로 내쫓았다. 바울과 바나바는 마음에서 그 일을 떨쳐 버리고, 다음 성인 이고니온으로 향했다. 행복한 두 제자는, 기쁨과 성령이 흘러넘쳤다.

14

1-3 바울과 바나바는 이고니온에 도착하여, 늘 하던 대로 유대인 회당에 가서 메시지를 전했다. **메시지**는 유대인과 이방인 양쪽 모두를 설득시켰다. 그 수가 적지 않았다. 그러나 믿지 않는 유대인들이 바울과 바나바에 대한 허위 사실을 유포하여, 사람들의 마음에 불신과 의혹의 씨를 뿌렸다. 두 사도는 거기에 오랫동안 머물면서, 거리낌 없이 드러내놓고 담대히 말했다. 그들은 하나님의 선물에 관한 확실한 증거를 제시했고, 하나님은 기적과 이적으로 그들의 사역을 확증해 주셨다.

4-7 그러나 그때 여론이 갈라져, 유대인 편에 서는 사람들도 있고 두 사도 편에 서는 사람들도 있었다. 어느 날, 유대인과 이방인으로 구성된 한 무리가 지도자들의 지휘하에 자신들을 습격하려는 것을 알게 된 두 사람은, 루가오니아와 루스드라, 더베와 인근 성으로 급히 피했다. 그들은 거기서도 **메시지**를 전했다.

신인가, 사람인가

8-10 루스드라에 걷지 못하는 사람이 있었는데, 그는 태어날 때부터 걷지 못해 앉아서 지냈다. 그 사람이 바울의 말을 듣고 있었다. 바울이 그의 눈을 들여다보고는, 그가 하나님의 일을 위해 준비되었고, 믿으려고 하는 것을 알았다. 바울은 모두가 들을 수 있게 큰소리로 말했다. "일어서시오!" 그 사람은 순식간에 일어섰고, 마치 평생 걸어 다닌 사람처럼 걷

기도 하고 껑충껑충 뛰기도 했다.

11-13 무리가 바울이 한 일을 보고 흥분해서, 루가오니아 말로 외쳤다. "신들이 내려오셨다! 이 사람들은 신이다!" 그들은 바나바를 '제우스'라고 부르고 바울을 '헤르메스'라고 불렀다(바울이 주로 말을 했기 때문이다). 인근 제우스 신당의 제사장이 행렬을 준비했다. 소와 깃발과 사람들이 문 앞에까지 늘어서서 제사를 준비했다.

14-15 바나바와 바울이 마침내 사태를 파악하고는 그들을 말렸다. 그들은 팔을 흔들어 행렬을 저지하며 외쳤다. "도대체 무엇을 하는 것입니까! 우리는 신이 아닙니다! 우리도 여러분과 같은 사람입니다. 우리는 여러분에게 **메시지**를 전하기 위해 여기에 왔습니다. 신이니 뭐니 하는 어리석은 미신을 버리고, 살아 계신 하나님을 받아들이도록 여러분에게 권하려고 온 것입니다. 우리가 하나님을 만들 수 없습니다. 하나님께서 인간과 만물, 하늘과 땅과 바다와 그 안에 있는 모든 것을 만드셨습니다.

16-18 우리 앞선 세대에는, 하나님께서 각 나라마다 자기 길을 가게 두셨습니다. 그러나 그때에도 하나님께서는 아무 단서 없이 버려두신 것이 아닙니다. 그분은 좋은 자연을 만들어 주셨고, 비를 내려 주셨으며, 풍작을 주셨습니다. 여러분의 배가 부르고 마음이 즐거운 것은, 여러분의 행위로는 누릴 수 없는 하나님의 선하심에 대한 증거였습니다." 그들이 급히 열변을 토하고 나서야, 그들을 신으로 모시려는 무

리의 제사 행위를 겨우 막을 수 있었다.
19-20 그 후에 유대인들 일부가 안디옥과 이고니온에서부터 바나바와 바울을 쫓아와서, 변덕스러운 무리를 부추겨 그들에게 악감정을 품게 했다. 그 무리가 의식을 잃을 정도로 바울을 때리고, 성 밖으로 끌고 가 죽도록 내버려 두었다. 그러나 제자들이 그를 둘러서자, 바울은 의식을 되찾고 일어났다. 그는 다시 성 안으로 들어가서, 이튿날 바나바와 함께 더베로 떠났다.

안디옥으로 돌아오다

21-22 바울과 바나바는 더베에서 **메시지**를 선포하고 든든한 기둥이 될 제자들을 세운 뒤에, 오던 길로 되돌아가서, 루스드라와 이고니온을 거쳐 안디옥에 이르렀다. 그들은 제자들의 삶에 힘과 기운을 북돋아 주고, 처음에 믿은 것을 굳게 붙들어 거기서 떠나지 말라고 당부했다. 그것이 쉽지 않으리라는 것을 그들에게 분명히 말했다. "누구든지 하나님 나라에 지원하는 사람은 반드시 많은 어려움을 겪어야 합니다."
23-26 바울과 바나바는 각 교회의 지도자들을 신중하게 뽑았다. 그들은 금식하고 더욱 간절히 기도를 드리고 나서, 지금까지 자신들의 삶을 의탁했던 주님께 새로 뽑은 지도자들을 맡겨 드렸다. 두 사람은 비시디아를 지나 밤빌리아로 되돌아왔고, 버가에서 **메시지**를 전했다. 마침내 그들은 앗달리아에 도착해서, 배를 타고 처음 출발점인 안디옥으로 돌아

왔다. 하나님의 은혜로 시작해서, 이제 하나님의 은혜로 무
사히 돌아온 것이다.
27-28 그들은 그곳에 도착하자마자, 교회 회중을 모아 놓고
그동안의 여행을 보고했다. 하나님께서 어떻게 자신들을 사
용하셔서 믿음의 문을 활짝 열어 주셨는지, 그래서 어떻게
모든 민족이 교회로 들어올 수 있게 되었는지를 자세히 이
야기했다. 그들은 그곳에 머물면서, 제자들과 오랫동안 여
유 있게 교제를 나누었다.

이방인 신자들을 위한 지침

15 1-2 얼마 후에 유대인들 몇 사람이 유대에서 내려
와, "모세의 방식대로 할례를 받지 않으면 구원
받을 수 없다"면서, 모든 사람이 할례를 받아야 한다고 주장
했다. 바울과 바나바가 즉시 일어나서 강력히 항의했다. 교
회는 이 문제를 해결하기 위해 바울과 바나바와 다른 몇 사
람을 예루살렘으로 보내, 사도와 지도자들 앞에 이 문제를
내놓기로 했다.
3 그들은 전송을 받고 길을 떠나 페니키아와 사마리아를 지
나면서, 이방인들에게도 돌파구가 열렸다는 소식을 만나는
모든 사람에게 전했다. 그 이야기를 들은 사람들은 모두 굉
장한 소식이라며 환호했다!
4-5 바울과 바나바가 예루살렘에 이르자, 사도와 지도자들
을 비롯해 온 교회가 그들을 따뜻하게 맞아 주었다. 두 사

람은 최근 여행중에, 하나님께서 자신들을 사용하셔서 이방인들에게 문을 열어 주신 일을 보고했다. 몇몇 바리새인들이 일어나 자신들의 의견을 밝혔다. 그들은 믿는 사람들이기는 했으나, 바리새인의 강경 노선을 계속 고수하려는 이들이었다. 그들이 말했다. "이방인 개종자들에게도 할례를 주어서, 모세의 율법을 지키게 해야 합니다."
6-9 사도와 지도자들이 특별 회의를 소집해 이 문제를 깊이 논의했다. 여러 주장이 끊임없이 오가는 가운데, 열띤 논쟁을 벌였다. 그때 베드로가 자리에서 일어나 이렇게 말했다. "친구 여러분, 여러분도 잘 알다시피, 하나님께서는 이방인들도 이 복된 **메시지**를 듣고 받아들이기 원하신다는 것을 일찍부터 아주 분명히 밝히셨습니다. 그것도 전해 들은 말이 아니라, 바로 내가 전하는 말을 직접 듣고 받아들이게 하셨습니다. 우리의 어떤 겉치레에도 속지 않으시고 언제나 사람의 생각을 아시는 하나님께서, 우리에게 주신 것과 똑같은 성령을 그들에게도 주셨습니다. 그분은 우리를 대하신 것처럼 이방인들을 대하셨습니다. 하나님께서는 그분을 믿고 신뢰하는 이방인들에게 역사하셔서, 먼저 그들이 누구인지 깨닫게 하시고 그 중심에서부터 시작해서 그들의 삶을 깨끗게 하셨습니다.
10-11 그런데 어찌하여 지금 여러분은 하나님보다 더한 하나님이 되어서, 우리 조상을 짓누르고 우리까지 짓누른 규정들을 새로 믿은 이 사람들에게 지우려는 것입니까? 주 예수

께서 놀랍고도 너그러운 은혜로 우리를 찾아오셔서 구원해 주신 것처럼, 우리 민족이 아닌 이방인들도 그렇게 구원해 주셨다는 것을 우리가 믿지 않습니까? 그렇다면 지금 우리가 무엇을 두고 싸우는 것입니까?"

12-13 깊은 침묵이 흘렀다. 아무도 입을 열지 않았다. 그 침묵 가운데 바나바와 바울은, 자신들의 사역을 통해 하나님께서 다른 민족들 가운데 행하신 기적과 이적을 사실대로 보고했다. 침묵은 더욱 깊어져, 사람들의 숨소리까지 들릴 정도였다.

13-18 야고보가 침묵을 깼다. "친구 여러분, 들으십시오. 시므온이 우리에게 전해 준 대로, 하나님께서는 이방 민족들도 품으실 것을 처음부터 분명히 말씀하셨습니다. 이것은 예언자들의 말과 정확히 일치합니다.

이후에 내가 돌아와
다윗의 무너진 집을 다시 세울 것이다.
내가 모든 조각을 다시 맞추어
새것처럼 보이게 할 것이다.
이방인들도 구하는 자는 찾게 되고,
갈 곳을 얻게 되며,
모든 이방 민족도
내가 하는 일을 알게 될 것이다.

하나님께서 이렇게 말씀하셨고, 이제 그 말씀대로 행하고 계십니다. 이것은 느닷없이 일어난 일이 아닙니다. 그분은 처음부터 이렇게 하실 것을 알고 계셨습니다.

19-21 그러니, 내 판단은 이렇습니다. 우리는 주님께로 돌아오는 이방인들에게 불필요한 짐을 지우지 말아야겠습니다. 우리가 그들에게 편지를 써서 이렇게 말하는 것이 좋겠습니다. '우상과 관계된 활동에 관여하지 않도록 조심하고, 성생활과 결혼의 도덕을 지키며, 유대인 그리스도인들에게 거슬리는 음식—이를테면 피 같은 것—은 내놓지 마십시오.' 이것은 모세가 전한 기본 지혜입니다. 이것은 우리가 안식일을 지켜 모일 때, 지금까지 어느 도시에서나 수백 년 동안 전하고 지켜 온 것입니다."

22-23 사도와 지도자와 모든 사람들이 거기에 동의했다. 그들은 교회에서 상당히 비중 있는 바사바라는 유다와 실라를 택하고, 바울과 바나바와 함께 그들 편으로 다음의 편지를 안디옥으로 보냈다.

여러분의 형제인 사도와 지도자들이, 안디옥과 시리아와 길리기아에 있는 우리 형제들에게 편지합니다.

평안하십니까?

24-27 우리 교회의 몇몇 사람들이, 여러분에게 가서 여러분을 혼란스럽고 당황스럽게 하는 말을 했다는 소식을 들었습니다. 알아 두십시오. 우리는 그들에게 아무런 권한

도 준 적이 없습니다. 그들은 우리가 보낸 사람들이 아닙니다. 우리는 우리를 대표할 사람들을 뽑아서, 우리의 귀한 형제인 바나바와 바울과 함께 여러분에게 보내기로 만장일치로 결의했습니다. 우리는 여러분이 신임할 만한 사람, 곧 유다와 실라를 뽑았습니다. 그들은 우리 주 예수 그리스도를 위해 몇 번이나 죽음까지도 마다하지 않은 사람들입니다. 우리는 그들이 여러분을 대면해서 우리가 쓴 내용이 사실임을 확증해 주도록 그들을 보냅니다.

28-29 성령과 우리는, 꼭 필요한 최소한의 책임 외에는 여러분에게 어떤 무거운 짐도 지워서는 안된다고 생각합니다. 여러분은 우상과 관계된 활동에 관여하지 않도록 조심하고, 유대인 그리스도인들에게 거슬리는 음식—이를테면 피 같은 것—은 내놓지 말며, 성생활과 결혼의 도덕을 지키십시오.

이런 지침만 따른다면, 우리 사이에는 뜻이 맞고 돈독한 관계가 충분히 유지될 것입니다. 하나님께서 여러분과 함께하시기를 바랍니다!

바나바와 바울이 갈라서다

30-33 그들은 안디옥으로 떠났다. 그들은 그곳에 도착해서, 교회 회중을 모아 놓고 편지를 읽어 주었다. 사람들은 크게 안도하고 기뻐했다. 훌륭한 설교자인 유다와 실라는, 많은 격려와 소망의 말로 새로운 동료들에게 힘을 실어 주었다.

어느새 돌아갈 때가 되었다. 새로운 동료들 모두가 웃음과
포옹으로 그들을 전송했고, 유다와 실라는 자신들을 보낸
이들에게 보고하러 가기 위해 길을 떠났다.
35 바울과 바나바는 안디옥에 머물면서, 하나님 말씀을 가르
치고 전했다. 그러나 그들은 혼자가 아니었다. 당시 안디옥
에는 가르치고 전하는 사람들이 많이 있었다.
36 며칠 후에 바울이 바나바에게 말했다. "전에 우리가 하나
님 말씀을 전하던 각 도시로 돌아가서, 거기 있는 동료들을
방문하고 어떻게 지내는지 알아봅시다."
37-41 바나바는 일명 마가라 하는 요한도 데려가고 싶어 했
다. 그러나 바울은 그와 함께하고 싶지 않았다. 상황이 힘들
어지자 밤빌리아에서 그들을 두고 떠났던 이 중도 포기자를
데려갈 마음이 없었던 것이다. 언성이 높아지더니, 결국 그
들은 갈라섰다. 바나바는 마가를 데리고 배편으로 키프로스
로 갔다. 바울은 실라를 택해, 주님의 은혜를 구하는 동료들
의 인사를 받으며 시리아와 길리기아로 갔다. 그곳에서 회
중에게 힘과 기운을 북돋아 주었다.

바울의 갈 길을 정해 준 꿈

16 1-3 바울은 먼저 더베로 갔다가, 그 후에 루스드
라로 갔다. 거기서 그는, 경건한 유대인 어머니
와 그리스 사람인 아버지 사이에서 태어난 디모데라는 제자
를 만났다. 루스드라와 이고니온에 있는 형제들은, 디모데

가 아주 훌륭한 청년이라고 다들 입을 모아 말했다. 바울은 그를 선교 사역에 영입하고 싶었다. 그는 그 지역에 사는 유대인들에게 걸림이 되지 않도록, 디모데를 따로 데려다가 먼저 할례를 주었다. 그의 아버지가 그리스 사람이라는 것을 모두가 알고 있었기 때문이다.

4-5 바울 일행은 각 도시를 다니면서, 예루살렘의 사도와 지도자들이 작성한 간단한 지침을 제시해 주었다. 그 지침은 더없이 큰 도움이 되었다. 날마다 회중의 믿음이 더욱 굳건해지고 그 수가 더 많아졌다.

6-8 그들은 브루기아로 갔다가, 갈라디아를 지나갔다. 그들의 계획은 서쪽으로 방향을 잡아 아시아로 가는 것이었으나, 성령께서 그 길을 막으셨다. 그래서 그들은 무시아로 갔다. 거기서 북쪽 비두니아로 가려고 했으나, 예수의 영께서 그쪽으로 가는 것도 허락지 않으셨다. 그래서 그들은 다시 무시아를 지나, 드로아 항으로 내려갔다.

9-10 그날 밤에 바울은 꿈을 꾸었다. 마케도니아 사람 하나가 멀리 해안에 서서 바다 건너 이쪽을 향해 외쳤다. "마케도니아로 건너와서 우리를 도와주십시오!" 그 꿈이 바울의 갈 길을 정해 주었다. 우리는 곧장 마케도니아로 건너갈 준비에 착수했다. 모든 조각이 꼭 들어맞았다. 이제 하나님께서 유럽 사람들에게 복된 소식을 전하라고 우리를 부르셨음을 확신했다.

11-12 드로아 항을 떠나, 사모드라게로 직행했다. 이튿날 '네

압볼리'(신도시)에 배를 대고 거기서부터 걸어서 빌립보로 갔다. 빌립보는 마케도니아의 주요 도시이자, 더 중요하게는 로마의 식민지였다. 우리는 거기서 며칠을 묵었다.
13-14 안식일에, 우리는 시내를 벗어나 기도 모임이 있다는 곳으로 강을 따라 내려갔다. 우리는 그곳에 모여 있는 여자들 곁에 자리를 잡고서, 그들과 이야기를 나누었다. 그들 가운데는 값비싼 직물을 파는 루디아라는 여자가 있었다. 루디아는 두아디라 출신의 상인인데, 하나님을 경외하는 여자로 알려져 있었다. 우리의 말을 열심히 듣던 중에, 주님께서 루디아에게 믿는 마음을 주셨다. 그래서 그녀는 믿었다!
15 루디아는 자기 집에 있는 모든 사람과 함께 세례를 받은 뒤에, 우리를 대접하고 싶은 마음에 이렇게 말했다. "내가 이 일에 당신들과 하나이며 참으로 주님을 믿는 줄로 당신들이 확신한다면, 우리 집에 오셔서 머물러 주십시오." 우리는 주저했으나, 그녀는 절대로 우리의 거절을 받아들일 태세가 아니었다.

매 맞고 감옥에 갇히다

16-18 하루는 기도 장소로 가다가, 한 여종과 우연히 마주쳤다. 그 여자는 점을 쳐서 자기 주인들에게 많은 돈을 벌어 주는 점쟁이였다. 그 여자는 바울을 따라다니면서, "이 사람들은 지극히 높으신 하나님을 위해 일하고 있습니다. 여러분을 위해 구원의 길을 놓고 있습니다!" 하고 소리치며

모든 사람의 이목을 우리에게 집중시켰다. 그 여자가 며칠을 그렇게 하자, 바울은 너무도 성가셨다. 그가 돌아서서, 그 여자를 사로잡고 있는 귀신에게 명령했다. "예수 그리스도의 이름으로 명한다. 나오너라! 이 여자에게서 나오너라!" 그러자 그 명령대로 귀신이 떠나가 버렸다.

19-22 그 여자의 주인들이 자신들의 돈벌이 되는 사업이 순식간에 망한 것을 알고는, 바울과 실라를 쫓아가서 우격다짐으로 그들을 붙잡아 광장으로 끌고 갔다. 그러자 경비대가 그들을 체포해, 법정으로 끌고 가서 고발했다. "이 자들은 평화를 어지럽히고 있습니다. 우리 로마 법과 질서를 파괴하는 위험한 유대인 선동자들입니다." 어느새 무리는 흥분한 폭도로 변해 있었다.

22-24 판사들은 폭도와 한편이 되어서, 바울과 실라의 옷을 찢어 벗기고 그들에게 공개 태형을 명령했다. 그들은 시퍼런 멍이 들도록 그 두 사람을 때린 뒤 감옥에 가두고, 탈출은 꿈도 꾸지 못하도록 삼엄하게 감시하라고 간수에게 명령했다. 간수는 명령대로 감시가 가장 삼엄한 감옥에 그 두 사람을 가두고 발에 족쇄를 채웠다.

25-26 자정쯤에, 바울과 실라가 기도하며 힘차게 하나님을 찬송했다. 다른 죄수들은 자신의 귀를 의심했다. 그때 난데없이 큰 지진이 일어났다! 감옥이 흔들리며 감옥 문이 모두 열렸고, 죄수들을 묶어 놓은 것들도 다 풀렸다.

27-28 간수가 잠을 자다가 놀라서 깨어 보니, 감옥 문이 다 열

려 제멋대로 흔들리고 있었다. 그는 죄수들이 탈출한 줄 알고, 어차피 자신은 죽은 목숨이라는 생각에 칼을 뽑아 자살하려고 했다. 그때 바울이 그를 말렸다. "그러지 마시오! 우리 모두가 여기 그대로 있습니다! 아무도 달아나지 않았습니다!"

29-31 간수는 횃불을 들고 급히 안으로 들어갔다. 그는 부들부들 떨면서, 바울과 실라 앞에 무너지듯 주저앉았다. 그는 그들을 감옥 바깥으로 데리고 나와서 물었다. "선생님, 내가 어떻게 하면 구원을 얻어 참으로 살 수 있겠습니까?" 그들이 말했다. "주 예수를 온전히 믿으시오. 그러면 당신이 바라는 참된 삶을 살게 될 것입니다. 당신 집안의 사람들도 모두 마찬가지입니다!"

32-34 그들은 주님에 대한 이야기를 자세히 설명해 주었다. 그 이야기를 할 때 그의 가족도 모두 함께 있었다. 그날 모두가 꼬박 밤을 새웠다. 간수는 그들이 편히 쉴 수 있도록 했고, 상처를 싸매 주었다. 그러고 나서, 그와 가족 모두가 세례를 받았다. 아침까지 기다릴 수 없었던 것이다! 축하의 뜻으로 그는 자기 집에서 음식을 대접했다. 잊지 못할 밤이었다. 그와 온 가족이 하나님을 믿었다. 집안 모든 사람이 기뻐하며 잔치를 벌였다.

35-36 동이 트자, 법정 판사들이 관리들을 보내어 지시했다. "그 사람들을 풀어 주어라." 간수가 바울에게 그 말을 전했다. "판사들한테서 지시가 왔는데, 선생님들은 이제

자유의 몸이 되었습니다. 축하합니다! 평안히 가십시오!"
37 그러나 바울은 꿈쩍하지 않았다. 그가 관리들에게 말했
다. "저들은 로마 시민 신분이 확실한 우리를 공개적으로 때
리고 감옥에 가두었습니다. 그런데 이제 와서 아무도 모르
게 우리를 내보내겠다는 말입니까? 그렇게는 못하겠습니
다! 여기서 우리를 내보내려면, 저들이 직접 와서 환한 대낮
에 우리를 데리고 나가야 할 것입니다."
38-40 관리들이 이 말을 보고하자 판사들이 당황했다. 그들은
바울과 실라가 로마 시민인 줄은 전혀 몰랐다. 그들은 급히
와서 사과했다. 그리고 두 사람을 감옥에서부터 직접 호송
해 나가면서, 그들에게 그 도시를 떠나 달라고 간청했다. 감
옥에서 나온 바울과 실라는, 곧장 루디아의 집으로 가서 동
료들을 다시 만났다. 믿음 안에서 그들을 격려하고 길을 떠
났다.

데살로니가

17 1-3 그들은 남쪽 길을 택해, 암비볼리와 아볼로
니아를 지나 데살로니가로 갔다. 그곳에는 유대
인 공동체가 있었다. 바울은 평소 하던 대로 그 시내의 회당
으로 가서, 세 번의 안식일 동안 성경을 가지고 말씀을 전
했다. 그는 그들이 평생 읽어 온 성경 본문의 뜻을 풀어 주
었다. 그들로 하여금 메시아께서 반드시 죽임을 당하고 죽
은 자들 가운데서 살아나야 하며—그 밖에 다른 길은 없으

며—"지금 여러분에게 소개하는 이 예수가 바로 그 메시아" 라는 사실을 깨닫도록 해주었다.

4-5 그들 가운데 일부가 설득되어 바울과 실라에게 합류했다. 그중에는 하나님을 경외하는 그리스 사람들이 아주 많았고, 귀족층 여자들도 여럿 있었다. 그러나 강경파 유대인들은 그들의 개종에 격분했다. 시기심에 휩싸인 그들은 거리의 사나운 불량배들을 끌어 모아, 시내에 공포 분위기를 조성하며 바울과 실라를 추적했다.

5-7 그들은 바울과 실라가 야손의 집에 있는 줄 알고 그곳으로 쳐들어갔다. 거기서 두 사람을 찾지 못하자, 그들은 야손과 그 친구들을 대신 붙잡아 시 원로들 앞으로 끌고 갔다. 그러고는 미친 듯이 소리쳤다. "이들은 세상을 무너뜨리려는 자들입니다. 이제 우리 문 앞에까지 나타나서, 우리가 소중히 여기는 모든 것을 공격하고 있습니다! 예수가 왕이고 황제는 아무것도 아니라고 말하는 이 반역자와 배반자들을 야손이 숨겨 주고 있습니다!"

8-9 시 원로들과 모여든 사람들은 그 말을 듣고 크게 놀랐다. 그들은 고발 내용을 조사하는 한편, 야손과 그 친구들에게서 보석금을 두둑이 받고 그들을 풀어 주었다.

베뢰아

10-12 그날 밤에 형제들이 어둠을 틈타 바울과 실라를 신속히 성읍 밖으로 빼냈다. 그들은 그 둘을 베뢰아로 보냈고, 거기

서 두 사람은 다시 유대인 공동체를 만났다. 그곳 사람들은 데살로니가 사람들보다 훨씬 나았다. 그곳의 유대인들은 바울이 전하는 소식을 열정적으로 받아들였고, 그가 하는 말이 성경적 근거가 있는지 알아보려고 날마다 그를 만나 성경을 연구했다. 그들 가운데 많은 이들이 믿는 사람이 되었는데, 그중에는 공동체에서 유력하고 영향력 있는 남녀 그리스 사람들도 많았다.

13-15 그러나 바울이 베뢰아에서 다시 하나님의 말씀을 전하고 있다는 보고가 데살로니가의 강경파 유대인들에게 들어갔다. 그들은 지체하지 않고 대응했다. 거기서도 무리를 모아 소란을 일으킨 것이다. 바울은 형제들의 도움을 받아 그들을 따돌리고서, 배를 타고 바다로 나갔다. 실라와 디모데는 뒤에 남았다. 바울의 피신을 도와준 사람들은 아테네까지 그를 데려가서, 거기에 그를 두고 떠났다. 떠나는 그들 편에 바울은 "되도록 빨리 오라!"는 전갈을 실라와 디모데에게 보냈다.

아테네

16 아테네에서 실라와 디모데를 기다리는 기간이 길어질수록, 바울은 그곳에 우상이 가득한 것을 보고 큰 분노를 느꼈다! 그 도시는 우상 천지였다.

17-18 그는 그 문제로, 유대인 및 그들과 뜻이 맞는 다른 사람들과 더불어 유대인 회당에서 토론했다. 그리고 날마다 거

리에 나가서, 만나는 사람 누구하고나 이야기를 나누었다. 그런 대화를 통해 그는 에피쿠로스 학파와 스토아 학파 지식인 몇 사람과도 잘 알게 되었다. 그들 가운데는 "이런 어리석은 사람을 봤나!" 하고 빈정대며 바울의 말을 일축하는 사람들도 있었다. 그러나 바울이 전하는 예수와 부활 이야기에 귀를 기울이며 "당신의 이야기는 신에 관한 새로운 관점이오. 더 들어 봅시다" 하고 관심을 보이는 사람들도 있었다.

19-21 그 사람들이 함께 모여서, 바울에게 아레오바고 법정에서 공개적으로 설명해 줄 것을 요청했다. 그곳은 주변이 한결 조용한 곳이었다. 그들이 말했다. "이 이야기는 우리에게 새로운 것이오. 우리는 이 같은 이야기를 한 번도 들어 본 적이 없소. 대체 당신은 어디서 이런 생각을 찾아낸 것이오? 우리가 이해할 수 있도록 설명해 보시오." 아테네 시내는 잡다한 이야기들이 넘쳐나는 곳이었다. 현지인이나 관광객이나 할 것 없이, 항상 사람들이 어슬렁거리며 무엇이든 최신 뉴스를 기다리는 곳이었다.

22-23 그러자 바울은 아레오바고 법정에 자리를 잡고 서서 설명했다. "내가 보니, 아테네 시민 여러분은 종교를 진지하게 여기는 것이 분명합니다. 나는 며칠 전 이곳에 도착했는데, 오가면서 발견한 그 모든 신당들에 놀랐습니다. '아무도 알지 못하는 신에게'라고 새겨진 신당도 있더군요. 내가 여기 온 것은 아무도 알지 못했던 그 신을 여러분에게 소개하

여, 여러분이 대상을 분명히 알고 예배할 수 있도록 하려는 것입니다.

24-29 세상과 그 안에 있는 모든 것을 만드신 하나님, 하늘과 땅의 주님께서는 여러분이 주문 제작한 신당에 사시지 않습니다. 또한 자신을 건사하지 못해 옆에서 시중들어 줄 누군가가 필요하신 분도 아닙니다. 그분이 피조물을 만드셨지, 피조물이 그분을 만든 것이 아닙니다. 그분은 무(無)에서 출발해 온 인류를 지으셨고, 이 땅을 살 만한 좋은 곳으로 만들어 주셨습니다. 넉넉한 시간과 살 만한 공간도 주셨습니다. 이는 우리가 어둠 속에서 더듬기만 하는 것이 아니라 실제로 그분을 만날 수 있도록, 우리가 하나님을 찾을 수 있도록 하시려는 것입니다. 그분은 우리와 숨바꼭질하시지 않습니다. 그분은 멀리 계시지 않습니다. 그분은 가까이 계십니다. 우리는 그분 안에서 살고 움직입니다. 그분을 벗어날 수 없습니다! 여러분의 시인들 가운데 누군가가 '우리는 하나님께 지음받은 존재'라고 잘 말했습니다. 과연 우리가 하나님께 지음받은 존재라면, 우리가 석공을 고용해서 돌을 깎아 우리를 위한 신을 만들겠다는 것은 얼마나 얼토당토않은 생각입니까?

30-31 여러분이 아직 잘 모를 때에는 하나님께서 그냥 지나치셨습니다. 그러나 이제는 그러한 때가 지났습니다. 알지 못하던 그 신이 여러분에게 알려졌고, 이제 그분은 여러분에게 근본적인 삶의 변화를 요구하십니다. 그분은 온 인류를

심판하시고 모든 것을 바르게 할 날을 정하셨습니다. 이미 심판자를 지명하시고 그분을 죽은 자들 가운데서 살리셔서, 모든 사람 앞에 확증하셨습니다."

32-34 "죽은 자들 가운데서 살리신다"는 말에, 듣던 사람들이 두 부류로 나누어졌다. 바울을 비웃고 조롱하며 떠나간 사람들이 있는가 하면, "다시 들어 봅시다. 우리는 더 듣고 싶소" 하고 말하는 사람들도 있었다. 그러나 그날은 그것으로 끝났고 바울도 떠났다. 그날 그 자리에서 확신이 생겨 바울을 떠나지 않은 사람들도 있었다. 그 가운데는 아레오바고 법정의 판사인 디오누시오와 다마리라는 여자도 있었다.

고린도

18

1-4 아테네 사역이 끝나고, 바울은 고린도로 갔다. 거기서 그는 본도 태생 유대인 아굴라와 그 아내 브리스길라를 만났다. 그들은 글라우디오 황제가 유대인들에게 내린 대대적인 로마 추방령 때문에 이탈리아로부터 막 도착해 있었다. 바울은 그들의 집에 묵으면서, 그들과 천막 만드는 일을 함께했다. 그는 안식일마다 회당에 가서 유대인과 그리스 사람 모두에게 예수에 대한 확신을 심어 주려고 최선을 다했다.

5-6 마케도니아에서 실라와 디모데가 오자, 바울은 말씀을 전하고 가르치는 일에 전념할 수 있었다. 그는 예수가 하나님의 메시아라는 사실을 유대인들에게 설득시키려고 애썼

다. 그러나 뜻대로 되지 않았다. 유대인들이 한 일이라고는 사사건건 논쟁을 일삼고 그의 말을 반박하는 것이 전부였다. 몹시 화가 난 바울은 결국 그들에게 크게 실망해서, 소용없는 일로 여기고 손을 뗐다. 그가 말했다. "그렇다면 여러분 마음대로 하십시오. 여러분이 뿌린 씨앗은 여러분이 거두게 될 것입니다. 이제부터 나는 다른 민족들을 위해 내 시간을 쓰겠습니다."

7-8 바울은 그곳을 떠나, 유대인의 회당 바로 옆에 사는 디도 유스도의 집으로 갔다. 그는 하나님을 경외하는 사람이었다. 유대인들을 향한 바울의 수고가 전혀 헛되지는 않았다. 회당장 그리스보가 주님을 믿은 것이다. 그와 함께 그의 온 가족도 믿었다.

8-11 바울의 말을 듣는 중에, 아주 많은 고린도 사람들이 믿고 세례를 받았다. 어느 날 밤, 주님께서 바울의 꿈에 나타나 말씀하셨다. "계속 밀고 나가거라. 누구에게든지 겁을 먹거나 침묵해서는 안된다. 무슨 일이 있어도 내가 너와 함께하니 아무도 너를 해칠 수 없다. 이 도시에 내 편에 서 있는 사람이 얼마나 많은지 너는 모른다." 그 한 마디 말로, 바울은 끝까지 견딜 수 있었다. 그는 그곳에서 일 년 반을 더 머물면서, 고린도 사람들에게 하나님의 말씀을 신실하게 가르쳤다.

12-13 그러나 갈리오가 아가야 총독으로 있을 때, 유대인들이 바울에 반대하는 운동을 벌여 그를 법정으로 끌고 가 고발

했다. "이 자는 율법에 어긋나는 예배 행위를 하라고 사람들을 현혹하고 있습니다."

14-16 바울이 막 자신을 변호하려고 하는데, 갈리오가 끼어들어 유대인들에게 말했다. "이것이 범죄 행위와 관련된 문제라면, 내가 기꺼이 여러분의 말을 듣겠소. 그러나 내게는, 이것이 유대인들이 종교를 두고 벌이는 끝없는 말다툼처럼 들리오. 여러분이 직접 해결하시오. 말도 안되는 이런 문제로 신경 쓰고 싶지 않소." 그러고 나서 갈리오는 그들을 법정에서 내보냈다.

17 그러자 거리에 모여 있던 무리가 신임 회당장 소스데네에게 달려들어, 법정에서도 다 볼 수 있도록 그를 마구 때렸다. 그러나 갈리오는 손가락 하나 까딱하지 않았다. 조금도 개의치 않았던 것이다.

에베소

18 바울은 고린도에 조금 더 머물렀다. 그러나 곧 동료들을 떠나야 할 때가 되었다. 그는 작별인사를 하고, 배에 올라 시리아로 향했다. 브리스길라와 아굴라가 그와 함께했다. 항구 도시 겐그레아에서, 바울은 배에 오르기 전에 자신이 서원한 대로 머리를 깎았다.

19-21 일행이 에베소에 도착했다. 브리스길라와 아굴라는 배에서 내려 거기에 머물렀다. 바울도 배에서 잠시 내려, 회당에 가서 유대인들에게 말씀을 전했다. 그들은 그가 더 오래

머물기를 원했으나, 그는 그럴 수 없었다. 작별인사를 한 뒤에, 그는 "하나님의 뜻이면 다시 돌아오겠습니다" 하고 약속했다.

21-22 바울은 에베소를 떠나 가이사랴로 향했다. 그곳에 있는 그리스도인 모임에서 인사를 나눈 뒤에 안디옥까지 가서 여정을 마쳤다.

23 안디옥의 그리스도인들과 오랜 시간을 함께 보내고 나서, 바울은 다시 갈라디아와 부르기아로 떠났다. 그는 전에 자신이 왔던 길을 되돌아가면서, 각 성을 차례로 다니며 제자들에게 새로운 마음을 심어 주었다.

24-26 아볼로라는 사람이 에베소에 왔다. 그는 이집트 알렉산드리아 태생의 유대인이었는데, 유창한 말로 성경 말씀을 힘 있게 전하는 탁월한 웅변가였다. 그는 주님의 도(道)를 잘 교육받았고, 열정으로 불타오르는 사람이었다. 그가 예수에 대해 가르치는 내용은 아주 정확했으나, 그 가르침은 요한의 세례까지밖에 이르지 못했다. 아볼로가 회당에서 말씀을 힘 있게 전하는 것을 들은 브리스길라와 아굴라는, 그를 따로 데려다가 그가 알지 못하는 나머지 이야기를 들려주었다.

27-28 아볼로가 아가야로 가기로 결정하자, 에베소의 동료들이 그를 축복해 주었다. 그리고 그곳의 제자들에게, 두 팔 벌려 그를 영접하도록 추천장을 써 주었다. 과연 그를 기쁘게 맞아들인 보람이 있었다. 하나님의 크신 자비로 믿는 사

람이 된 이들에게 아볼로는 큰 도움이 되었다. 특히 그는 유대인들과의 공개 토론에 능하여, 예수가 참으로 하나님의 메시아라는 증거를 성경을 근거로 설득력 있게 제시했다.

19

1-2 아볼로가 고린도에 가 있는 동안, 바울은 높
은 지역을 거쳐 에베소에 이르렀다. 거기서 몇몇
제자들을 만난 바울은 먼저 이런 말부터 꺼냈다. “여러분이
믿을 때에 성령을 받았습니까? 여러분은 하나님을 머리에
만 모셨습니까, 아니면 마음에도 모셨습니까? 그분이 여러
분 안에 들어오셨습니까?”
“성령이라니요? 하나님이 우리 안에 계신다고요? 그런 말
은 처음 듣습니다.”
3 “그럼 세례는 어떻게 받았습니까?” 바울이 물었다.
“요한의 세례를 받았습니다.”
4 “아, 그렇군요.” 바울이 말했다. “요한은 자기 뒤에 오실
분을 받아들이도록 사람들을 준비시키기 위해 세례를 베풀
었습니다. 그 세례는 과거와는 전혀 다른 삶을 살라는 요청
이었습니다. 뒤에 오실 분은, 바로 예수이셨습니다. 여러분
이 요한의 세례를 받았다면, 이제 진짜 세례인 예수를 맞을
준비가 된 것입니다.”
5-7 그들은 참으로 준비되어 있었다. 그 말을 듣자마자, 그
들은 주 예수의 이름으로 세례를 받았다. 바울이 그들의
머리에 손을 얹자, 성령께서 그들 안으로 들어오셨다. 그

때부터 그들은 방언으로 하나님을 찬송하고, 하나님께서 하신 일들을 이야기했다. 그날 거기 있던 사람들은 모두 열두 명 정도였다.

8-10 그 후 바울은 곧바로 회당으로 갔다. 그는 석 달 동안 자유로이 회당에 드나들며, 최선을 다해 하나님 나라의 일을 생생하고 설득력 있게 제시했다. 그러나 그때에, 그들 가운데 일부가 그리스도인의 생활방식에 대해 악한 소문을 퍼뜨리는 바람에 회중 사이에 저항이 생기기 시작했다. 바울은 제자들을 데리고 그곳을 떠나, 두란노 학교를 열고 날마다 거기서 강론했다. 그는 이 년 동안 그 일을 하면서, 아시아에 있는 모든 사람, 유대인뿐 아니라 그리스 사람들까지 주의 **메시지**를 들을 수 있도록 충분한 기회를 주었다.

난데없이 나타난 마술사들

11-12 하나님께서 바울을 통해 강력하고도 비상한 일들을 행하셨다. 그 소문이 퍼지자, 사람들은 바울의 살에 닿았던 옷가지, 곧 손수건과 목도리 같은 것을 가져다가 병자들에게 대기 시작했다. 그것을 대기만 해도 병자들이 깨끗이 나았다.

13-16 귀신을 축출하며 떠돌아다니는 몇몇 유대인들이 마침 시내에 와 있었다. 그들은 그 모든 일이 바울의 술수려니 생각하고 그 일을 자기들도 한번 해보았다. 그들은 악한 귀신의 피해를 입은 사람들에게 주 예수의 이름을 대면서 말했다. "내가 바울이 전하는 예수로 너희에게 명한다!" 유대인

대제사장인 스게와의 일곱 아들도 어떤 사람에게 그렇게 하려고 하자, 악한 귀신들이 이렇게 되받았다. "내가 예수도 알고 바울도 들어 보았지만, 너희는 누구냐?" 그때 귀신 들린 자가 포악해지더니, 그들에게 뛰어올라 그들을 마구 때리고 옷을 찢었다. 그들은 옷이 벗겨진 채 피를 흘리면서, 있는 힘을 다해 달아났다.

17-20 곧 이 일이 에베소 전역에 있는 유대인과 그리스 사람들에게 알려졌다. 이 일의 배후와 중심에 하나님이 계시다는 인식이 퍼져 나갔다. 바울에 대한 사람들의 호기심은, 점차 주 예수를 높이는 마음으로 바뀌어 갔다. 그렇게 믿게 된 많은 사람들이 자신의 정체를 밝히고, 은밀히 행하던 마술에서 완전히 손을 뗐다. 온갖 종류의 마술사와 점쟁이들이 마술책과 주술책을 가지고 나타나서, 그것들을 전부 불태워 버렸다. 어떤 사람이 그 값을 계산해 보니, 은화 오만이나 되었다. 이제 에베소에서 주님의 말씀이 최고이자 대세인 것이 분명해졌다.

아데미 여신

21-22 이 모든 일이 있고 나서, 바울은 마케도니아와 아가야로 이동했다. 거기서 그는 예루살렘으로 갈 때가 되었다고 판단했다. 그는 "이제 나는 로마로 갑니다. 내가 로마를 꼭 보아야겠습니다!" 하고 말했다. 그는 자신의 조력자 가운데 디모데와 에라스도 두 사람을 마케도니아로 보내고, 얼마

동안 아시아에 머물면서 남은 일을 마무리했다.
23-26 그러나 그가 떠나기 전에, 이 도(道)를 두고 큰 소동이
벌어졌다. 데메드리오라 하는 은세공인이 아데미 여신의 신
당을 제작하는 일을 했는데, 사업이 번창하여 많은 장인을
두고 있었다. 그는 자신이 고용한 사람들과 그 외에 비슷한
일로 고용된 사람들을 모아 놓고 말했다. "여러분, 여러분
도 잘 알다시피, 우리는 이 사업으로 그럭저럭 먹고살고 있
습니다. 그런데 바울이라는 자가 끼어들어, 손으로 만든 신
따위는 없다고 사람들에게 말하고 다녀 우리 일을 망치고
있습니다. 여기 에베소에서만 아니라, 아시아 전역에서 많
은 사람들이 그를 따르고 있습니다.
27 우리 사업만 무너질 위험에 처한 것이 아닙니다. 아데미
의 영광스러운 명성도 흔적 없이 허물어질 지경입니다. 그
렇게 되면, 저 유명한 아데미 여신의 신전도 틀림없이 잔해
더미가 되고 말 것입니다. 온 세상이 우리의 아데미를 숭배
하고 있으니, 이것은 단순히 한 지역만의 문제가 아닙니다."
28-31 그 말에 사람들이 격분했다. 그들은 거리로 뛰쳐나가면
서 "에베소 사람들의 위대한 아데미여! 에베소 사람들의 위
대한 아데미여!" 하고 소리쳤다. 그들은 온 도시에 소동을 일
으키며 경기장으로 우르르 몰려갔다. 가는 길에, 바울의 동
료 가운데 가이오와 아리스다고 두 사람도 잡아갔다. 바울도
경기장 안으로 들어가려고 했으나 제자들이 말렸다. 바울과
친분이 있던 그 도시의 유력한 종교 지도자들도 같은 생각이

었다. "절대로 저 폭도 곁에 가까이 가서는 안됩니다!"

32-34 사람들이 저마다 이렇게 저렇게 소리치고 있었다. 그들 대부분은 지금 무슨 일이 벌어지고 있는지, 자기가 왜 거기 있는지도 모르고 있었다. 유대인들이 상황을 통제해 보려고 알렉산더를 앞으로 밀자, 여러 파당들이 그를 자기네 편으로 끌어들이려고 아우성이었다. 그러나 그는 그들을 무시하고 엄숙한 손짓으로 폭도를 조용히 시켰다. 하지만 그가 입을 여는 순간에 유대인이라는 사실이 밝혀지자, 그들은 소리를 질러 그의 말을 막아 버렸다. "에베소 사람들의 위대한 아데미여! 에베소 사람들의 위대한 아데미여!" 그들은 두 시간이 넘도록 계속 소리쳤다.

35-37 마침내 에베소 시의 서기가 폭도를 진정시키고 말했다. "시민 여러분, 우리의 사랑하는 도시 에베소가, 영광스러운 아데미와 하늘에서 직접 떨어진 신성한 석상을 지키는 도시인 것을 모르는 사람이 어디 있습니까? 이것은 부인할 수 없는 사실이니, 여러분은 자중하십시오. 이런 행동은 아데미에게 어울리지 않는 행동입니다. 여러분이 여기로 끌고 온 이 사람들은 우리 신전이나 우리 여신에게 해를 끼친 것이 하나도 없습니다.

38-41 그러니 데메드리오와 장인 조합은, 민원이 있거든 법정에 가서 원하는 대로 고발하면 됩니다. 그 밖의 고충이 있거든, 정기 시민회의에 상정해서 해결하도록 하십시오. 오늘 벌어진 일은 변명의 여지가 없습니다. 여러분은 지금 우

리 도시를 심각한 위험에 빠뜨리고 있습니다. 로마가 폭도를 곱게 보지 않는다는 사실을 잊지 마십시오." 그렇게 말하고, 그는 사람들을 집으로 돌려보냈다.

마케도니아와 그리스

20 [1-2] 사태가 진정되자, 바울은 제자들을 불러 모아 에베소에서 선한 일을 지속하도록 격려했다. 그러고 나서, 작별인사를 하고 마케도니아로 떠났다. 그는 그 지역을 여행하며 각 모임을 방문할 때마다 끊임없이 사람들을 격려하여 사기를 높이고, 그들에게 새로운 희망을 불어넣었다.

[2-4] 그 후에 바울은 그리스로 가서 석 달을 머물렀다. 그가 배를 타고 시리아로 떠나려는데, 유대인들이 그를 해치려는 음모를 꾸몄다. 그래서 그는 다시 마케도니아를 지나는 육로로 길을 바꾸어 그들을 따돌렸다. 그 여정을 함께한 동료들은, 베뢰아 출신 부로의 아들 소바더, 데살로니가 사람 아리스다고와 세군도, 더베 출신 가이오, 디모데, 그리고 서아시아 출신의 두 사람 두기고와 드로비모였다.

[5-6] 그들이 먼저 가서 드로아에서 우리를 기다렸다. 한편, 우리는 유월절 주간을 빌립보에서 보낸 뒤에 배를 타고 떠났다. 우리는 닷새 만에 다시 드로아에 가서 한 주를 머물렀다.

[7-9] 일요일에 우리는 모여서 예배를 드리고 주님의 만찬을 기념했다. 바울은 회중에게 강론했다. 우리는 다음날 아침

일찍 떠날 예정이었으나, 바울의 이야기가 밤늦게까지 길게 이어졌다. 우리가 모인 곳은 불을 환하게 밝힌 다락방이었다. 유두고라는 청년이 창을 열고 걸터앉아 있었다. 바울의 이야기가 계속되자, 깊은 잠이 들었던 유두고가 삼층 창문 밖으로 떨어졌다. 사람들이 일으켜 보니, 그가 죽어 있었다.
10-12 바울이 내려가서 그 위에 엎드려 그를 꼭 끌어안고 말했다. "그만들 우시오. 그에게 아직 생명이 있습니다." 그 후에 바울이 일어나서 주의 만찬을 베풀었다. 그는 새벽까지 믿음의 이야기를 계속해서 전했다! 그런 분위기 속에서 사람들이 떠났다. 바울과 회중은 각자의 길을 갔다. 다시 살아난 유두고를 데리고 가면서, 그들은 모두 생명으로 충만했다.
13-16 한편, 남은 우리는 먼저 배를 타고 앗소로 향했다. 거기서 우리는 바울을 태울 계획이었다. 바울이 앗소까지 걸어가기를 원해서, 미리 일정을 맞추어 둔 것이다. 일은 계획대로 되어, 우리는 앗소에서 그를 만나 배에 태우고 미둘레네로 향했다. 이튿날 우리는 기오 맞은편에 들렀다가, 다음날 사모를 거쳐 밀레도에 이르렀다. 바울은 아시아에서 시간을 지체하지 않으려고 에베소를 지나치기로 했다. 그는 오순절에 맞춰 예루살렘에 도착하려고 서둘렀다.

예루살렘으로

17-21 바울이 밀레도에서 에베소로 사람을 보내 회중의 지도

자들을 불렀다. 그들이 도착하자, 바울이 말했다. "여러분도 알다시피, 나는 아시아에 도착한 첫날부터 전적으로 여러분과 함께 지냈습니다. 어떤 상황에서도 목숨을 걸고 주님을 섬겼고, 나를 죽이려는 유대인들의 끝없는 계략을 참아 냈습니다. 나는 어떤 경우에도 인색하게 굴거나 잇속을 챙기지 않았고, 여러분의 삶에 변화를 가져다줄 진리와 격려의 말을 여러분에게 아낌없이 주었습니다. 나는 여러분을 사람들 앞에서나 여러분의 집에서 가르치면서, 유대인에게나 그리스 사람에게나 똑같이 하나님 앞에서 삶을 근본적으로 고치고 우리 주 예수를 철저히 신뢰하도록 당부했습니다.

22-24 그러나 지금, 내 앞에는 또 하나의 긴급한 일이 있습니다. 예루살렘으로 가야 한다는 부담입니다. 거기에 가면 무슨 일이 벌어질지, 나는 전혀 모릅니다. 쉽지 않을 것이 분명합니다. 내 앞에 고난과 투옥이 있을 것을 성령께서 거듭해서 분명히 말씀해 주셨습니다. 그러나 그것이 나에게는 별로 중요하지 않습니다. 나에게 가장 중요한 것은, 하나님께서 시작하신 일을 마치는 것입니다. 주 예수께서 내게 맡기신 사명, 곧 믿을 수 없을 만큼 후히 베푸시는 하나님의 자비를, 내가 만나는 모든 사람에게 알리는 것입니다.

25-27 오늘은 작별의 날입니다. 여러분은 나를 다시는 보지 못할 것입니다. 나도 여러분을 다시는 보지 못할 것입니다. 나는 오랫동안 여러분 사이를 오가며, 이제 막이 오른 하나님 나라를 선포했습니다. 나는 여러분을 위해 최선을 다했

습니다. 내 모든 것을 여러분에게 주었으며, 여러분을 향한
하나님의 뜻을 하나도 남김없이 전했습니다.
28 이제 모든 것이 여러분에게 달려 있습니다. 여러분 자신
을 위해서나 양 떼인 회중을 위해서나, 긴장을 늦추지 마십
시오. 성령께서 이 하나님의 사람들을 여러분에게 맡기셔
서, 교회를 지키고 보호하게 하셨습니다. 하나님께서 친히
이들을 위해 죽을 가치가 있다고 여기셨습니다.
29-31 내가 떠나자마자, 흉악한 이리들이 나타나서 이 양들을
맹렬히 공격하리라는 것을 압니다. 여러분의 무리 중에서
나온 자들이, 제자들을 유혹하여 예수 대신에 자기들을 따
르게 하려고 왜곡된 이야기를 할 것입니다. 그러니 늘 깨어
경계하십시오. 지난 삼 년 동안 내가 여러분과 함께 끝까지
포기하지 않고 견디면서, 여러분 한 사람 한 사람에게 내 마
음을 쏟았던 것을 잊지 마십시오.
32 이제 나는 여러분을 놀라우신 우리 하나님께 맡겨 드립니
다. 하나님의 은혜로운 말씀이 여러분을 그분이 원하시는
모습으로 만드실 수 있고, 이 거룩한 형제들의 이 공동체에
서 여러분에게 필요한 것을 다 공급해 주실 수 있습니다.
33-35 여러분이 잘 알다시피, 나는 재물이나 유행에는 관심이
없습니다. 나는 내 자신과 또 나와 함께 일하는 사람들의 기
본적인 필요를 맨손으로 해결했습니다. 무슨 일을 하든지,
약한 사람들 편에서 일하고 그들을 이용하지 않아야 한다는
것을 여러분에게 본으로 보였습니다. '받는 것보다 주는 것

이 훨씬 행복하다'고 하신 우리 주님의 말씀을 늘 기억한다
면, 여러분은 이 부분에서 잘못되지 않을 것입니다."
36-38 말을 마치고 나서, 바울은 무릎을 꿇고 기도했다. 그들
도 다 무릎을 꿇었다. 하염없이 눈물이 흘렀다. 그들은 바울
을 꼭 붙들고서 그를 보내려고 하지 않았다. 그들은 이제 다
시는 그를 보지 못할 것을 알았다. 그렇게 되리라고, 바울이
아주 분명히 말했기 때문이다. 마음이 몹시 아팠으나, 마침
내 그들은 용기를 내어 그를 배까지 배웅했다.

두로와 가이사랴

21 1-4 눈물 어린 작별을 뒤로하고, 우리는 길을 떠
났다. 우리는 곧장 고스로 가서 이튿날 로도에
이르렀고, 그 다음에 바다라에 도착했다. 거기서 페니키아
로 직항하는 배를 찾아, 그 배를 타고 출발했다. 시리아로
항로를 잡고 가는 동안에, 왼쪽으로 키프로스가 시야에 들
어왔다가 곧 사라졌다. 마침내 우리는 두로 항에 정박했다.
짐을 내리는 동안, 우리는 현지에 있는 제자들을 찾아가 그
들과 함께 이레를 지냈다. 그들이 성령을 힘입어 앞일을 내
다보고, 바울에게 "예루살렘으로 가지 말라"는 말을 전했다.
5-6 시간이 다 되자, 그들은 시내에서 부두까지 우리를 바래
다주었다. 남녀노소 할 것 없이 모두가 따라왔다. 그 자리가
송별회가 되었다! 바닷가에서 우리는 모두 무릎을 꿇고 기
도했다. 또 한 차례 작별인사를 나눈 뒤에, 우리는 배에 오

르고 그들은 집으로 돌아갔다.
7-9 두로에서 돌레마이까지 짧은 항해를 마쳤다. 우리는 그
곳의 그리스도인 동료들을 문안하고 그들과 함께 하루를 지
냈다. 아침에 우리는 가이사랴로 가서 "일곱 사람" 중 하나
인 전도자 빌립의 집에 묵었다. 빌립에게는 예언하는 처녀
딸이 네 명 있었다.
10-11 그곳에 있은 지 며칠이 지난 후에, 아가보라는 예언자가
우리를 보려고 유대에서 내려왔다. 그는 곧장 바울에게 가더
니, 바울의 허리띠를 가져다가 연극을 하듯 자기 손발을 묶
었다. 그러고는 이렇게 말했다. "성령께서 '예루살렘의 유대
인들이 이 허리띠의 주인을 이렇게 묶어서, 하나님을 모르는
믿지 않는 자들에게 넘겨줄 것이다'라고 말씀하십니다."
12-13 그 말을 들은 우리와 그날 거기 있던 모든 사람들이, 바
울에게 예루살렘으로 가겠다는 완강한 고집을 버리라고 간
청했다. 그러나 바울은 뜻을 굽히지 않았다. "왜 이렇게 야
단들입니까? 왜 소란을 피워 나를 더 힘들게 합니까? 여러
분은 이 일을 거꾸로 보고 있습니다. 예루살렘에서 중요한
문제는, 나를 체포하든 죽이든 그들이 나한테 하는 일이 아
니라, 나의 순종을 통해 주 예수께서 하시는 일입니다. 그것
을 모르시겠습니까?"
14 그의 결심이 조금도 흔들리지 않는 것을 보고서, 우리는
단념했다. 우리는 "이제 하나님 손에 있습니다. 주님, 주님
께서 알아서 해주십시오" 하고 말했다.

15-16 얼마 지나지 않아 우리는 짐을 꾸려 예루살렘을 향해 길을 떠났다. 가이사랴에서 온 제자들 몇 사람이 우리와 함께 가서, 우리를 나손의 집에 데려다 주었다. 그는 우리를 따뜻하게 맞아 주었다. 그는 키프로스 태생으로, 초기 제자들 가운데 한 사람이었다.

예루살렘

17-19 예루살렘에서 동료들이 우리를 보고 반가워하며, 두 팔 벌려 우리를 맞아 주었다. 이튿날 아침, 먼저 우리는 바울을 데리고 가서 야고보를 만났다. 교회의 지도자들도 다 그 자리에 있었다. 안부와 몇 마디 인사말을 나눈 뒤에, 바울은 그동안 하나님께서 자신의 사역을 통해 이방인들 가운데 행하신 일을 하나하나 자세히 이야기해 주었다. 그들은 이야기를 듣고 기뻐하며 하나님께 영광을 돌렸다.

20-21 그들도 들려줄 이야기가 있었다. "그동안 여기에 무슨 일이 있었는지 보십시오. 하나님을 경외하는 유대인 수만 명이 예수를 믿게 되었습니다! 그러나 그들이 모세의 율법을 지키는 데 어느 때보다 열심이다 보니 문제도 있습니다. 유대인들 사이에서 들리는 말이, 당신이 믿지 않는 이방인들 속에서 살아가는 믿는 유대인들에게 모세를 가볍게 여겨도 된다고 하면서, 자녀들에게 할례를 주지 않아도 되고 옛 전통도 지킬 필요가 없다고 가르친다고 합니다. 그러나 그것은 그들이 전혀 받아들일 수 없는 일입니다.

22-24 당신이 시내에 들어온 것을 그들이 알면 어찌될지 걱정
입니다. 곤란한 일이 생길 것입니다. 그러니 이렇게 합시다.
우리 일행 가운데 정결예식을 하기로 서원했으나 돈이 없어
행하지 못한 네 사람이 있습니다. 당신이 그들의 서원에 참
여해서 그들의 비용을 대 주십시오. 그러면 당신에 대해 떠
도는 소문이 사실무근이며, 당신이 모세의 율법을 철저히
존중한다는 것이 모든 사람 앞에 분명해질 것입니다.
25 당신에게 이렇게 요청한다고 해서, 믿는 사람이 된 이방
인들에 대해 전에 우리가 합의한 내용을 되돌리는 것은 아
닙니다. 우리는 그 편지에 쓴 내용을 계속해서 굳게 붙들고
있습니다. '우상과 관계된 활동에 관여하지 말고, 유대인 그
리스도인들에게 거슬리는 음식을 내놓지 말며, 성생활과 결
혼의 도덕을 지킬 것'을 말입니다."
26 바울은 그들의 제안대로 했다. 그 사람들을 데리고 가서,
그들의 서원에 참여하고 그들의 비용을 댔다. 이튿날 그는
성전에 가서 그것을 공식화했다. 각 사람의 정결예식을 위
한 제사를 드리고, 그 제사가 끝날 때까지 거기에 머물렀다.

바울이 체포되다

27-29 그들의 정결예식에 필요한 이레가 거의 끝나갈 무렵,
에베소 근방에서 온 몇몇 유대인들이 성전에서 바울을 발견
했다. 그들은 당장 그곳을 뒤집어 놓았다. 그들은 바울을 붙
잡고 목이 터져라 외치기 시작했다. "도와주시오! 이스라엘

동포 여러분, 도와주시오! 이 자는 온 세상을 다니면서 우리와 우리 종교와 이 성전을 거슬러 거짓말하는 자입니다. 이제는 그리스 사람들을 여기까지 데리고 들어와서, 이 거룩한 곳을 더럽혀 놓았습니다." (바울과 에베소 사람 드로비모가 함께 도성 안을 다니는 것을 보고서, 바울이 그를 성전까지 데려와 구경시켜 주었으리라 짐작했던 것이다.)

30 이내 도시 전체에 소동이 일어났다. 도처에서 사람들이 성전으로 달려와 그들의 행동에 가세했다. 그들은 바울을 붙잡아서 성전 밖으로 끌어낸 다음, 그가 다시는 거룩한 곳에 접근하지 못하도록 성전 문을 모두 잠갔다.

31-32 그들이 바울을 죽이려고 할 때, "폭동입니다! 도시 전체가 들끓고 있습니다!" 하는 보고가 경비대 지휘관에게 들어갔다. 그 지휘관은 신속히 행동을 취했다. 그의 병사와 백부장들이 즉시 현장으로 달려갔다. 바울을 때리던 무리가 지휘관과 병사들을 보고서야 행동을 멈췄다.

33-36 지휘관이 다가가서 바울을 체포했다. 그는 먼저 바울에게 수갑을 채우라고 명령했고, 그런 다음 그가 누구이며 무슨 일을 했는지 물었다. 지휘관이 무리에게서 얻은 것은, 저마다 이렇게 저렇게 외치는 고함소리뿐이었다. 광기 어린 무리의 소리를 분간할 수 없었던 지휘관은, 바울을 군대 병영으로 데려가라고 명령했다. 그러나 그들이 성전 계단에 이르렀을 때 무리가 난폭해져서, 병사들은 바울을 메고 가야만 했다. 그들이 바울을 메고 가자, 무리가 따라오며 외쳤

다. "죽여라! 저 자를 죽여라!"
37-38 그들이 병영에 도착해 들어가려고 할 때, 바울이 지휘
관에게 말했다. "한 말씀 드려도 되겠습니까?"
지휘관이 대답했다. "오, 나는 당신이 그리스 말을 하는 줄
몰랐소. 나는 당신이 얼마 전 여기서 폭동을 일으켰다가, 자
신을 따르는 사천여 명과 함께 광야로 잠적한 그 이집트 사
람인 줄 알았소."
39 바울이 말했다. "아닙니다. 나는 다소 태생의 유대인입니
다. 지금도 그 유력한 도시의 시민입니다. 간단한 부탁을 하나
드리겠습니다. 내가 저 무리에게 말할 수 있게 해주십시오."

바울이 자신의 이야기를 말하다

40 병영 계단에 서 있던 바울이 돌아서서 손을 들어 올렸다.
바울이 말을 시작하자 무리가 조용해졌다. 그는 히브리 말
로 이야기했다.

22

1-2 "사랑하는 내 형제요 아버지이신 여러분, 나
에 대해 미리 결론을 내리기 전에, 지금부터 내
가 하는 말을 잘 들어 주십시오." 그들은 그가 히브리 말로
말하는 것을 듣고는 더 조용해졌다. 모두가 그의 말을 한 마
디도 놓치지 않으려고 했다.
2-3 그가 말을 이었다. "나는 길리기아의 다소에서 태어난 선

량한 유대인입니다. 여기 예루살렘에서 교육받았고, 랍비 가말리엘의 엄격한 지도 아래 우리 종교의 전통을 철저히 배웠습니다. 그리고 지금 여러분처럼 나도 항상 열정적으로 하나님 편에 있었습니다.

4-5 나는 이 도(道)와 관련된 사람이면 누구나 추적하고 맹렬히 공격해서, 하나님을 위해 죽일 준비가 되어 있었습니다. 나는 남자든 여자든 가리지 않고, 가는 곳마다 그들을 잡아들여 감옥에 가두었습니다. 대제사장이나 최고의회의 누구에게나 물어보면 그 사실을 확인할 수 있습니다. 그들 모두가 나를 잘 알고 있었습니다. 그러다가 나는, 예수를 따르는 이들을 추적하고 체포하려고 우리 형제들이 있는 다마스쿠스로 떠났습니다. 나는 그들을 예루살렘으로 데려와서 형을 받게 하는 권한이 부여된 공문서를 가지고 있었습니다.

6-7 정오쯤 다마스쿠스 외곽에 이르렀을 때, 하늘에서 눈부신 빛이 강하게 비쳤습니다. 나는 바닥에 쓰러졌고 시야가 흐려졌습니다. 그때, 한 음성이 들렸습니다. '사울아, 사울아, 왜 나를 해치려고 하느냐?'

8-9 나는 '주님, 누구십니까?' 하고 물었습니다.

'나는 네가 핍박하는 나사렛 예수다' 하고 그분이 말씀하셨습니다. 동료들은 그 빛은 보았으나, 그 대화는 듣지 못했습니다.

10-11 그래서 나는 '주님, 이제 제가 어떻게 해야 합니까?' 하

고 물었습니다.
그분은 '일어나서 다마스쿠스로 들어가거라. 앞으로 네가 해야 할 일을 말해 줄 사람이 거기에 있다'고 말씀하셨습니다. 그래서 우리는 다마스쿠스로 들어갔습니다. 내가 처음 계획한 것과는 전혀 다른 모습으로 그 성에 들어간 것입니다. 나는 눈이 멀어 볼 수 없었기 때문에 동료들이 내 손을 잡고 데리고 들어가야 했습니다.
12-13 바로 그때, 아나니아를 만났습니다. 그는 우리의 율법을 잘 지키기로 소문난 사람입니다. 이것은 다마스쿠스 유대인 공동체가 다 동의하는 사실입니다. 그가 와서 내 어깨에 손을 얹고 '눈을 들어 보시오' 하고 말했습니다. 내가 눈을 들었는데, 어느새 나는 그의 눈을 똑바로 쳐다볼 수 있었습니다. 다시 보게 된 것입니다!
14-16 그러자 그가 말했습니다. '우리 조상의 하나님이 그대를 택하셔서 그분의 활동 계획을 알게 하셨습니다. 그대는 의롭고 죄 없으신 분을 실제로 뵈었고, 그분의 말씀을 들었습니다. 이제 그대는 만나는 모든 사람에게, 그대가 보고 들은 것을 증거하는 핵심 증인이 될 것입니다. 그러니 망설이지 말고, 일어나 세례를 받으십시오. 죄를 깨끗이 씻어 내고, 하나님과 직접 사귀십시오.'
17-18 정말로, 아나니아가 말한 대로 되었습니다. 예루살렘으로 돌아온 뒤에 어느날, 나는 성전에서 하나님의 임재에 잠겨 기도하다가 그분을 뵈었습니다. 하나님의 의롭고 죄

없으신 분을 뵙고, 그분께서 하시는 말씀을 들었습니다. '서둘러라! 최대한 서둘러 여기를 떠나라. 여기 예루살렘에 있는 유대인들 가운데, 어느 누구도 네가 나에 대해 하는 말을 받아들이지 않을 것이다.'

19-20 처음에는 반대했습니다. '저보다 적합한 사람이 누가 있겠습니까? 제가 주님을 믿는 사람들을 핍박하고 회당에서 마구 때리고 감옥에 가두는 일에 얼마나 열중했는지 모르는 사람이 없습니다. 주님의 증인 스데반이 살해될 때에도, 바로 그 자리에서 제가 살인자들의 겉옷을 들고 그들을 응원했습니다. 그러나 이제 제가 완전히 돌아선 것을 그들이 알고 있습니다. 그러니 제게 무슨 자격이 더 필요하겠습니까?'

21 그러나 그분은 '이유를 묻지 말고 가거라. 내가 너를 멀리 이방인들에게로 보내겠다'고 말씀하셨습니다."

로마 시민인 바울

22-25 모여 있던 사람들이 집중해서 듣다가, 갑자기 소리를 질렀다. "저 자를 죽여라! 버러지 같은 놈이다! 밟아 버려라!" 그들은 주먹을 휘둘렀다. 욕설이 쏟아졌다. 그때 지휘관이 끼어들어, 바울을 병영으로 데려가라고 명령했다. 지휘관도 잔뜩 화가 치밀었다. 그는 이 일의 진상을 규명하기 위해 바울을 고문하고 심문하기로 결심했다. 그가 무슨 일을 저질러서 이런 폭력을 유발했는지 알아내고자 한 것이

다. 그들이 그의 사지를 가죽끈으로 묶어 채찍질할 준비를
하는데, 바울이 거기 서 있던 백부장에게 말했다. "공정한
재판도 없이 로마 시민을 고문하다니, 이게 법에 맞는 일입
니까?"
26 백부장이 그 말을 듣고, 곧장 지휘관에게 갔다. "도대체
무슨 일을 하신 겁니까? 이 사람은 로마 시민입니다!"
27 지휘관이 돌아와서 심문을 맡았다. "내가 들은 말이 사실
이오? 당신이 로마 시민이오?"
바울이 말했다. "분명히 그렇습니다."
28 지휘관은 관심을 보였다. "나는 큰돈을 들여서 시민권을
얻었소. 당신은 얼마나 들었소?"
"전혀 들지 않았습니다." 바울이 말했다. "한 푼도 들지 않
았습니다. 나는 태어날 때부터 자유의 몸이었습니다."
29 그것으로 심문은 끝났다. 그 일로 지휘관에게 하나님을
두려워하는 마음이 생겼다. 그는 로마 시민을 결박했고,
하마터면 고문까지 할 뻔했던 것이다!
30 이튿날, 지휘관은 문제의 원인을 규명하고 유대인들의 고
발에 배후가 있는지 확실히 알아보기로 작정했다. 그는 바
울의 결박을 풀어 주고, 명령을 내려 대제사장들과 최고의
회를 소집했다. 그들의 생각을 알아보기 위해서였다. 바울
은 안내를 받아 그들 앞에 섰다.

최고의회 앞에 선 바울

23

1-3 바울은 침착하게 의회 의원들을 둘러본 다
음, 자신의 견해를 밝혔다. "친구 여러분, 나는 지금 이 순간까지 평생을 하나님 앞에서 깨끗한 양심으로 살아왔습니다." 그 말에 대제사장 아나니아가 격분했다. 그는 옆에 있던 사람들에게 바울의 뺨을 때리라고 명령했다. 그러자 바울이 응수했다. "하나님께서 당신을 치실 것이오! 이 위선자여! 율법대로 나를 심판한다고 거기 앉아 있으면서, 율법을 어기고 나를 치라고 명하는 것입니까!"
4 측근들이 괘씸하게 생각했다. "어떻게 네가 하나님의 대제사장께 함부로 말하느냐!"
5 바울이 놀란 듯이 행동했다. "그가 대제사장인 줄 내가 어찌 알 수 있었겠습니까? 그는 대제사장답게 처신하지 않았습니다. 여러분 말이 맞습니다. 성경에도 '백성의 통치자를 욕하지 말라'고 했습니다. 미안합니다."
6 의회의 일부는 사두개인으로, 일부는 바리새인으로 구성되었다. 그 둘이 서로 얼마나 미워하는지 알고 있던 바울은, 그들의 적대감을 이용하기로 했다. "형제 여러분, 나는 대대로 바리새인 집안에서 태어난 충실한 바리새인입니다. 내가 이 법정에 끌려온 것도, 바리새인으로서의 내 신념인 죽은 사람들의 소망과 부활을 믿었기 때문입니다."
7-9 그가 이렇게 말하자, 의회는 바리새인과 사두개인으로 완전히 갈라져서 뜨거운 논쟁을 벌였다. 사두개인들은 부활

이나 천사, 심지어 영의 존재도 부인하는 사람들이었다. 그들은 눈에 보이지 않으면 믿지 않았다. 그러나 바리새인들은 그 모두를 믿었다. 그러다 보니, 큰 언쟁이 벌어진 것이다. 그때에 바리새인 쪽의 종교 학자 몇 사람이 언성을 높이면서 반대편 사두개인들의 말문을 막았다. "우리는 이 사람에게서 아무 잘못도 찾지 못하겠소! 만일 어떤 영이나 천사가 이 사람에게 말한 것이라면, 어찌하겠소? 행여 우리가 하나님을 대적해 싸우는 것이라면, 어찌할 셈이오?"
10 불에 기름을 끼얹은 격이었다. 언쟁이 달아올라 너무 과격해지자, 지휘관은 행여 그들이 바울의 사지를 찢어 죽이지나 않을까 두려웠다. 그는 병사들에게 바울을 거기서 빼내어 병영 안으로 다시 호송해 가라고 명령했다.

바울을 해치려는 음모

11 그날 밤, 주님께서 바울에게 나타나셨다. "괜찮다. 다 잘 될 것이다. 지금까지 너는 여기 예루살렘에서 나의 훌륭한 증인이었다. 이제 너는 로마에서 내 증인이 될 것이다!"
12-15 이튿날 유대인들이 바울을 해치려고 음모를 꾸몄다. 그들은 그를 죽이기 전에는 먹지도 않고 마시지도 않기로 엄숙히 맹세했다. 마흔 명이 넘는 자들이 이 살인 동맹에 맹세하는 의식을 갖고 대제사장과 종교 지도자들을 찾아갔다. "우리는 바울을 죽이기 전에는 아무것도 먹지도 않고 마시지도 않기로 엄숙히 맹세했습니다. 다만, 여러분

의 도움이 필요합니다. 의회에서 죄목을 더 자세히 조사하려고 하니 바울을 다시 보내 달라고 지휘관에게 요청하십시오. 나머지는 우리가 알아서 하겠습니다. 그가 여러분 근처에 오기도 전에 우리가 죽여 버리겠습니다. 여러분은 그 일에 휘말리지 않도록 하겠습니다."

16-17 바울의 외조카가 그들이 매복을 모의하는 이야기를 엿듣고, 즉시 병영으로 가서 바울에게 이 사실을 알렸다. 바울은 백부장 하나를 불러서 말했다. "이 청년을 지휘관에게 데려가 주십시오. 그가 중요하게 드릴 말씀이 있습니다."

18 백부장이 그를 지휘관에게 데리고 가서 말했다. "죄수 바울이 이 청년을 지휘관님께 데려가 달라고 했습니다. 긴히 드릴 말씀이 있다고 합니다."

19 지휘관이 그의 팔을 잡고 한쪽으로 데려갔다. "무슨 일이냐? 나한테 할 말이 무엇이냐?"

20-21 바울의 외조카가 말했다. "유대인들이 바울을 해치려고 음모를 꾸몄습니다. 그들은 그의 죄목을 더 자세히 조사해 보겠다는 구실로 아침 일찍 바울을 의회로 보내 달라고 지휘관님께 부탁할 것입니다. 하지만 그것은 바울을 당신의 보호에서 빼돌려 살해하려는 속임수입니다. 지금 마흔 명도 넘는 사람들이 숨어서 바울을 기다리고 있습니다. 그들은 바울을 죽이기 전에는 먹지도 않고 마시지도 않기로 맹세했습니다. 그들은 이미 매복을 끝내고 이제 지휘관님께서 그를 보내기만 기다리고 있습니다."

22 지휘관은 "이 일을 아무한테도 입 밖에 내지 마라" 하고 주의를 주어 그를 돌려보냈다.
23-24 지휘관은 백부장 둘을 불렀다. "가이사랴로 떠날 병사 이백 명을 준비시켜라. 기병 칠십 명과 보병 이백 명도 함께 오늘 밤 아홉 시까지 행군할 준비를 해두어라. 바울과 그의 소지품을 실을 노새도 두어 마리 필요할 것이다. 이 사람을 벨릭스 총독에게 무사히 넘겨야겠다."
25-30 그리고 그는 이렇게 편지를 썼다.

글라우디오 루시아가 벨릭스 총독 각하께.
안녕하십니까!
이 사람은 내가 유대인 무리에게서 구해 낸 자입니다. 그들이 그를 잡아서 죽이려고 할 때, 그가 로마 시민인 것을 알게 되었습니다. 그래서 병사들을 보냈습니다. 그가 무슨 잘못을 저질렀는지 알고 싶어, 그를 그들의 의회 앞에 세웠습니다. 알고 보니 자기들끼리 종교적인 문제로 이견이 있어 말다툼이 격화되었을 뿐, 범죄와는 전혀 거리가 멀었습니다.
그러던 차에, 유대인들이 그를 살해하려는 음모를 꾸민 것을 알게 되었습니다. 나는 그의 안전을 위해 그를 여기서 급히 빼내는 것이 좋겠다고 판단했습니다. 그래서 그를 각하께 보냅니다. 그를 고발한 무리에게도 이제 그가 각하의 관할하에 있다고 알리겠습니다.

31-33 그날 밤, 병사들은 명령받은 대로 바울을 데리고 안드
바드리의 안전한 곳으로 갔다. 이튿날 아침에, 병사들은 기
병대의 호송하에 바울을 가이사랴로 보내고 예루살렘 병영
으로 돌아갔다. 기병대는 가이사랴에 들어가서 바울과 편지
를 총독에게 인계했다.
34-35 편지를 다 읽은 총독은 바울에게 어느 지역 출신인지를
물었고 "길리기아"라는 답을 들었다. 총독은 바울에게 "그
대를 고발하는 사람들이 오면 그대의 사건을 처리하겠소"
하고 말했다. 총독은 바울을 헤롯 왕의 공관에 가두어 두라
고 명령했다.

자신을 변호하는 바울

24

1-4 닷새 후에, 대제사장 아나니아가 지도자 대
표단과 함께 법정 변호인 더둘로를 데리고 도착
했다. 그들은 총독에게 바울을 고발하는 소송을 제기했다.
바울이 법정 앞에 불려나오자, 더둘로가 기소 발언을 했다.
"벨릭스 각하, 각하의 지혜롭고 너그러운 통치에 우리는 언
제 어디서나 감사할 따름입니다. 우리가 이 모든 평화를 누
리고 날마다 각하의 개혁으로 득을 보는 것은 오로지 각하
덕분임을 잘 알고 있습니다. 장황한 말로 각하를 피곤하게
하지 않겠습니다. 부디 넓으신 마음으로 제 말을 들어 주십
시오. 아주 간략히 아뢰겠습니다.
5-8 우리는 이 사람이 평화를 어지럽히고, 온 세상에 있는 유

대인들을 상대로 폭동을 선동하는 것을 여러 번 보았습니다. 그는 나사렛파라고 하는 선동적 분파의 주모자입니다. 그야말로 암적인 존재라 할 수 있습니다. 우리는 그가 우리의 거룩한 성전을 더럽히려고 하는 것을 목격하고는 그를 체포했습니다. 직접 심문해 보시면 이 모든 고발 내용을 확인하실 수 있을 것입니다."

9 유대인들도 이 말에 합세했다. "직접 들어 보십시오! 맞는 말입니다!"

10-13 총독이 몸짓으로 바울에게 이제 그의 차례가 되었음을 알렸다. 바울이 말했다. "총독 각하, 지난 여러 해 동안 총독께서 얼마나 공정하게 우리를 재판하셨는지 압니다. 그래서 나는 총독님 앞에서 나 자신을 변호하게 된 것을 다행으로 여깁니다. 나는 본국에 돌아온 지 겨우 열이틀 되었습니다. 날짜 관계는 쉽게 확인하실 수 있습니다. 나는 오순절에 예루살렘에서 예배를 드리기 위해 일부러 왔고, 도착한 이후로는 줄곧 내 일에만 충실했습니다. 내가 성전에서 논쟁을 벌이거나 거리에서 무리를 선동하는 것을 보았다고 말할 수 있는 사람은 아무도 없습니다. 저들의 고발 내용 중에 증거나 증인으로 입증할 수 있는 것은 단 하나도 없습니다.

14-15 그러나 내가 이것 하나는 기꺼이 인정합니다. 저들이 막다른 길이라고 비방하는 이 도(道)에 유념하여, 나는 우리 조상이 섬기고 예배한 바로 그 하나님을 섬기고 예배하며, 우리의 성경에 기록된 것을 전부 받아들입니다. 또한 나는,

하나님께서 선한 사람이든 악한 사람이든 죽은 사람들을 다시 살리실 것이라고 소망하고 기대하며 살고 있다는 것도 인정합니다. 만일 이것이 죄가 된다면, 나를 고발한 사람들도 나 못지않게 유죄입니다.

16-19 나는 모든 일에 하나님과 내 이웃들 앞에 깨끗한 양심을 지키려고 최선을 다해 왔습니다. 나는 여러 해 동안 본국을 떠났다가 이제 돌아왔습니다. 떠나 있는 동안에, 나는 가난한 사람들을 위한 헌금을 모아서 성전 예물과 함께 가지고 왔습니다. 바로 그 예물을 드리면서, 성전에서 조용히 기도하고 있는 나를 저들이 본 것입니다. 모여든 무리도 없었고 소란도 없었습니다. 에베소 근방에서 온 몇몇 유대인들이 이 모든 소동을 일으켰습니다. 그런데 보시다시피, 그들은 오늘 이 자리에 없습니다. 그들은 겁쟁이입니다. 너무 겁이 나서, 총독님 앞에서 나를 고발하지 못하는 것입니다.

20-21 그러니 내가 무슨 죄를 짓다가 잡혔는지, 여기 이 사람들에게 물어보십시오. 말재주가 뛰어난 더둘로 뒤에 숨지 말라고 하십시오. 저들이 나에 대해 내세울 수 있는 것은, 내가 의회에서 외친 '내가 이 법정에 끌려온 것은 내가 부활을 믿기 때문입니다!'라는 이 한 문장뿐입니다. 총독께서는 이 말이 형사 사건의 근거가 된다고 보십니까?"

22-23 벨릭스는 주저했다. 그는 보기보다 이 도(道)에 대해 훨씬 많이 알고 있어서, 바로 그 자리에서 사건을 종결지을 수도 있었다. 그러나 정치적으로 가장 좋은 수가 무엇인지 확

신하지 못해 시간을 끌었다. "지휘관 루시아가 오면 그대의 사건을 결정짓겠소." 그는 백부장에게 바울을 수감하라고 명령하면서, 한편으로 바울에게 어느 정도 출입의 자유를 허락해 동료들이 그를 돌보는 것을 막지 않았다.

24-26 며칠 후에 벨릭스와 그의 유대인 아내 드루실라가, 바울을 불러다가 예수 그리스도를 믿는 삶에 대해 이야기를 들었다. 바울이 하나님과 그분의 사람들과의 바른 관계, 도덕적으로 훈련된 삶, 다가올 심판을 계속 강조하자, 벨릭스는 마음이 너무 조여 오는 것 같아 불편해서 그를 내보냈다. "오늘은 됐소. 시간이 있을 때 다시 부르겠소." 그는 바울이 자기에게 거액의 뇌물을 바치기를 은근히 바라고 있었다. 그 후에도 이런 대화가 자주 되풀이되었다.

27 그렇게 이 년이 지난 후에, 벨릭스 후임으로 보르기오 베스도가 그 자리에 부임했다. 벨릭스는 유대인들의 환심을 사려고 정의를 무시한 채, 바울을 감옥에 내버려 두었다.

황제에게 상소하다

25 1-3 베스도가 총독의 임무를 수행하기 위해 가이사랴에 도착하고 나서, 사흘 후에 예루살렘으로 올라갔다. 대제사장과 고위 지도자들이 바울에 대한 복수심을 다시 새롭게 다졌다. 그들은 호의를 베풀어 달라고 베스도에게 요청했다. 그들의 고발에 응해 바울을 예루살렘으로 보내 달라고 한 것이다. 물론 거짓말이었다. 그들은 예전의

음모를 재개하여 길에 매복해 있다가 그를 죽일 참이었다.
4-5 베스도는 바울의 관할 구역은 가이사랴이며, 자기도 며
칠 후에 그리로 돌아갈 것이라고 대답했다. 그는 "그때 나와
함께 가서 그의 잘못을 마음껏 고발하시오" 하고 말했다.
6-7 베스도는 여드레 또는 열흘 후에 가이사랴로 돌아갔다.
이튿날 아침에 그는 법정에 앉아 바울을 불러들였다. 바울
이 들어서는 순간, 예루살렘에서 내려온 유대인들이 그에게
달려들어 온갖 과격한 고발을 퍼부었다. 그러나 그중에 그
들이 입증할 수 있는 것은 하나도 없었다.
8 이어서 바울이 증언대에 서서 간단히 말했다. "나는 유대
인의 종교나 성전이나 황제에게 아무것도 잘못한 것이 없습
니다. 그뿐입니다."
9 그러나 베스도는 유대인들의 환심을 사고 싶어 이렇게 말
했다. "그대가 예루살렘으로 올라가 거기서 재판을 받으면
어떻겠소?"
10-11 바울이 대답했다. "이 순간 나는 황제의 법정에 서 있습
니다. 나는 얼마든지 이 자리에 설 권리가 있으며, 앞으로도
계속해서 여기에 서 있을 것입니다. 나는 유대인들에게 아
무것도 잘못한 것이 없으며, 총독께서도 나만큼이나 그 사
실을 잘 아십니다. 만일 내가 범죄를 저질러 사형을 받아 마
땅하다면, 기한을 정하십시오. 달게 받겠습니다. 그러나 저
들의 고발이 사실무근이라면—그렇다는 것을 총독께서도
아십니다—아무도 저들의 터무니없는 수작을 따르라고 내

게 강요할 수 없습니다. 여기서 이만큼 시간을 허비한 것으로 충분합니다. 나는 황제에게 상소합니다!"

12 베스도가 참모들과 잠시 이야기를 나눈 뒤에 평결을 내렸다. "그대가 황제에게 상소했으니, 그대는 황제에게 갈 것이오!"

13-17 며칠 후, 아그립바 왕과 그의 아내 버니게가, 새로 부임한 베스도를 환영하려고 가이사랴를 방문했다. 수일 후에 베스도가 아그립바 왕에게 바울 사건을 거론했다. "벨릭스가 두고 간 죄수 하나가 여기 내 관할하에 있습니다. 내가 예루살렘에 갔을 때 대제사장과 유대인 지도자들이 그를 고발하는 죄목을 잔뜩 대면서, 내게 사형선고를 내려 주기를 바랐습니다. 나는 그들에게 우리 로마 사람들은 그런 식으로 하지 않는다고 말했습니다. 고발당했다는 이유만으로 사람을 판결하지 않으며, 반드시 피고에게 원고와 대면해 자신을 변호할 기회를 준다고 말했습니다. 그래서 그들이 여기로 내려왔을 때, 나는 곧바로 그 사건을 조사했습니다. 법정에 앉아 그 사람을 증언대에 세웠습니다.

18-21 원고들이 사정없이 그를 공격했으나, 그들의 고발은 고작 자기네 종교와 피고가 살아 있다고 주장하는 예수라 하는 죽은 사람에 대한 논쟁이었습니다. 나는 여기 새로 부임한 데다 이런 사건에 관련된 사항도 모르는 터라, 그에게

예루살렘에 가서 재판을 받겠느냐고 물었습니다. 그는 거절하면서 최고법정의 황제 앞에서 재판 받기를 요청했습니다. 그래서 나는 로마에 있는 황제에게 그를 보낼 때까지 다시 수감해 두도록 명령했습니다."

22 아그립바가 말했다. "내가 그 사람을 보고 그의 이야기를 들어 보고 싶습니다."

"좋습니다." 베스도가 말했다. "아침에 가장 먼저 불러들일 테니, 직접 들어 보십시오."

23 이튿날에 가이사랴의 주요 인사들이 모두 대연회장에 모였고, 군 고위 장교들도 함께 왔다. 아그립바와 버니게가 성대하고 위엄 있게 입장해 자리를 잡았다. 베스도가 바울을 데려오라고 명령했다.

24-26 베스도가 말했다. "아그립바 왕과 귀빈 여러분, 이 사람을 잘 보십시오. 많은 유대인들이 예루살렘에서 시작해 이제는 여기서도 그를 없애 달라고 나한테 청원했습니다. 그들은 더없이 맹렬하게 그의 처형을 요구했습니다. 내가 조사해 보니, 그는 아무 죄도 짓지 않았다는 판단이 섰습니다. 그는 황제 앞에서 재판 받게 해달라고 요청했고, 나는 그를 로마로 보내기로 승낙했습니다. 하지만 내 주이신 황제께 뭐라고 써야 하겠습니까? 유대인들이 내놓은 고발은 다 허위로 꾸민 것이고, 그 밖에 내가 더 밝혀 낸 것은 하나도 없습니다.

26-27 그래서 이렇게 여러분 앞에, 특별히 아그립바 왕 앞에

그를 데려다 세운 것입니다. 제대로 된 소송에 어울리는 무
언가를 건질 수 있을까 해서 말입니다. 죄수로 하여금 재판
을 받게 그 먼 길을 보내면서 문서에 죄목 하나 적을 수 없
다면 우스운 꼴이 될 것입니다."

아그립바 왕 앞에서 증언하다

26 1-3 아그립바 왕이 바울에게 직접 말했다. "어서,
그대 자신에 대해 말해 보시오."
바울이 증언대에 서서 자신의 이야기를 했다. "아그립바 왕
이여, 왕께서 유대인의 풍습과 우리의 모든 집안싸움에 대
해 잘 알고 계시니, 다른 누구보다 왕 앞에서 유대인들의 이
모든 고발에 대해 답변하게 되어 다행입니다.
4-8 젊어서부터, 나는 예루살렘의 내 민족들 속에서 살았습
니다. 그 도성에서 내가 자라는 것을 지켜본 유대인들은—
만일 그들이 위험을 감수할 마음이 있다면 왕께 직접 증언
할 수도 있을 것입니다—내가, 우리 종교의 가장 엄격한 분
파인 바리새인으로 살았다는 것을 알고 있습니다. 내가 이
렇게 유대인들에게 고발당하는 것은, 내가 하나님께서 우리
조상에게 주신 약속—열두 지파가 오랜 세월 동안 밤낮으
로 바라보며 살았던 그 소망—을 믿고 진지하게 여기며, 그
약속에 마음과 생명을 바쳤기 때문입니다. 시험을 거쳐 검
증된 소망을 내가 굳게 붙잡았기 때문입니다. 이 자리에 서
서 재판을 받아야 할 사람은 내가 아니라 저들입니다! 하나

님께서 죽은 사람들을 살리신다고 믿는 것이 어떻게 형사
범죄가 성립되는지 나는 도무지 이해가 되지 않습니다.
9-11 솔직히 내가 늘 이런 입장에 서 있었던 것은 아닙니다.
한동안 나는, 있는 힘껏 나사렛 예수를 대적하는 것이 내 본
분인 줄 알았습니다. 나는 대제사장들의 전권을 등에 업고,
도처에서 믿는 이들을 예루살렘 감옥에 처넣었습니다. 나는
그들이 하나님의 백성인 줄 전혀 몰랐습니다! 기회가 올 때
마다 그들을 처형하는 데 찬성표를 던졌습니다. 나는 그들
의 회당을 짓밟고 들어가서, 그들을 협박하고 예수를 저주
하게 했습니다. 나는 그 사람들을 소탕하는 일에 사로잡힌
폭군이었습니다. 그러다가 나는, 예루살렘 바깥에 있는 여
러 도시에서도 그 일을 시작했습니다.
12-14 그날도 여느 때처럼 내 활동을 공인해 주는 대제사장들
의 문서를 가지고 다마스쿠스로 가고 있는데, 한낮에 하늘
에서 햇빛보다 더 밝은 눈부신 빛이 나와 내 동료들에게 쏟
아져 내렸습니다. 오 왕이여, 그렇게 환할 수가 없었습니다!
우리는 앞으로 고꾸라졌습니다. 그때 히브리 말로 한 음성
이 들렸습니다. '사울아, 사울아, 왜 나를 해치려고 하느냐?
무슨 고집으로 순리를 거스르는 것이냐?'
15-16 나는 '주님, 누구십니까?' 하고 말했습니다.
그 음성이 대답했습니다. '나는 네가 짐승을 추적하듯이 핍박
하는 예수다. 그러나 이제 일어나거라. 내가 네게 맡길 일이
있다. 너는 오늘 일어난 일과 내가 앞으로 너에게 보여줄 일

에 종과 증인이 될 것이다. 그 일을 위해 내가 너를 선택했다.
17-18 내가 너를 보내는 것은, 이방인들의 눈을 열어 주어 그들로 하여금 어둠과 빛의 차이를 보고 빛을 선택하게 하며, 사탄과 하나님의 차이를 보고 하나님을 선택하게 하려는 것이다. 내가 너를 보내는 것은, 내가 그들의 죄를 용서하고 그들에게 내 가족의 신분을 주려는 것이다. 나를 믿어 참된 삶을 시작하는 사람들 속으로, 그들을 초청하려는 것이다.'
19-20 아그립바 왕이여, 그러니 내가 어찌하겠습니까? 그런 비전을 두고 그냥 물러설 수는 없었습니다! 그 자리에서 나는 순종하며 믿는 자가 되었습니다. 나는 이 삶의 변화—하나님께 전적으로 돌아서는 것과 그것이 매일의 삶에서 갖는 의미—를 그곳 다마스쿠스에서 전하기 시작했습니다. 예루살렘과 인근 지역으로, 거기서 다시 온 세상으로 나아갔습니다.
21-23 그날 유대인들이 성전에서 나를 붙잡아 죽이려고 한 것도, 바로 '온 세상으로 나아간 것' 때문입니다. 저들은 하나님을 자기들한테만 묶어 두려고 합니다. 그러나 하나님께서는 약속하신 대로 내 편에 서 주셨습니다. 내가 지금 이 자리에 서서 하는 말은, 왕이나 어린아이나 할 것 없이 누구든지 들으려고 하는 사람에게 내가 들려준 이야기입니다. 그리고 이 모든 말은, 예언자들과 모세가 그렇게 되리라고 한 것과 정확하게 일치합니다. 그것은, 첫째로 메시아가 반드시 죽어야 하며, 둘째로 그분이 죽은 자들 가운데서 살아나셔서, 하나님을 모르는 사람들과 하나님을 경외하는 사람들

모두에게 하나님의 빛을 비추는 첫 번째 빛이 되리라는 것
입니다."
24 베스도에게 이 말은 버거운 것이었다. 그는 큰소리로 말
을 잘랐다. "바울, 그대가 미쳤소! 책을 너무 많이 읽고, 허
공을 너무 오래 쳐다봤소. 그만 자중하고 현실 세계로 돌아
오시오!"
25-27 그러나 바울은 물러서지 않았다. "베스도 총독 각하, 정
중히 아룁니다. 나는 미치지 않았습니다. 맑은 정신으로 똑
바로 말하는 것입니다. 왕께서는 내가 무슨 말을 하는지 잘
알고 계십니다. 내 이야기 중에 왕께서 제정신이 아니라고
여길 만한 말은 하나도 없었다고 확신합니다. 왕은 오래전부
터 이 일을 다 알고 계셨습니다. 이 일은 아무도 모르게 벌어
진 일이 아닙니다. 아그립바 왕이여, 예언자들을 믿으시지
않습니까? 대답하지 않으셔도, 믿으시는 줄 내가 압니다."
28 그러자 아그립바 왕이 대답했다. "이대로 더 가다가는 네
가 나를 그리스도인으로 만들겠구나!"
29 바울이 결박된 채 말했다. "그것이 내가 기도하는 바입니
다. 지금이나 나중이나, 왕뿐 아니라 오늘 여기서 이야기를
듣고 있는 여러분 모두가 나처럼 되기를 바랍니다. 이렇게
결박된 것만 빼고 말입니다!"
30-31 왕과 총독이 버니게와 참모들과 함께 일어나 옆방으
로 가서, 지금까지 들은 것을 두고 의논했다. 그들은 금세
바울이 무죄라는 데 뜻을 같이하며 말했다. "이 사람은 사

형은 고사하고 감옥에 갇힐 만한 일도 한 적이 없습니다."
32 아그립바 왕이 베스도에게 말했다. "황제 앞에서 재판 받
기를 요청하지만 않았어도 지금 당장 석방할 수 있었을 겁
니다."

바다에서 풍랑을 만나다

27 1-2 우리가 이탈리아로 항해할 준비를 마치자,
바울과 다른 죄수 몇이 친위대의 일원인 율리오
라는 백부장 감독하에 배치되었다. 우리는 아드라뭇데노에
서 온 배에 올라탔다. 그 배는 에베소와 서쪽 항구로 향하는
배였다. 데살로니가 출신의 마케도니아 사람 아리스다고가
우리와 동행했다.
3 이튿날 우리는 시돈에 입항했다. 율리오는 바울을 아주 관
대하게 대했다. 배에서 내려 그곳 동료들의 환대를 받도록
허락해 주었다.
4-8 다시 뱃길에 오른 우리는, 서쪽에서 불어오는 맞바람 때
문에 키프로스 북동 해안을 바람막이 삼아 북쪽으로 항해했
다. 그리고 다시 해안을 따라 서쪽으로 향하여 무라 항에 닻
았다. 거기서 백부장은 이탈리아로 가는 이집트 선박을 찾
아 우리를 그 배에 옮겨 태웠다. 그런데 사나운 날씨를 만나
항로를 유지하기가 불가능했다. 갖은 고생 끝에, 마침내 우
리는 크레타 섬 남쪽 해안에 이르러, '아름다운 항구'(이름 그
대로였다!)에 닻을 내렸다.

9-10 우리는 이미 시간을 많이 허비했다. 추분이 이미 지났고, 이제부터는 겨우내 폭풍우가 잦은 날씨여서 항해하기에 너무 위험했다. 바울이 경고했다. "지금 바다로 나갔다가는 재난을 당해 짐과 배는 말할 것도 없고 목숨까지 잃을 것입니다!"

12, 11 그러나 그곳은 겨울을 나기에 적합한 항구가 못되었다. 거기서 몇 킬로미터 떨어진 뵈닉스가 더 나았다. 백부장은 바울의 경고를 흘려듣고 선장과 선주의 말을 좇아 다음 항구로 향했다.

13-15 남쪽에서 미풍이 불어오자, 그들은 순항할 줄로 생각해 닻을 올렸다. 그러나 바다에 나가기가 무섭게, 악명 높은 북동풍이 맹렬한 기세로 몰아쳤다. 배는 완전히 그들의 통제를 벗어나고 말았다. 풍랑 가운데 떠다니는 나뭇잎 신세였다.

16-17 우리는 가우다라는 작은 섬을 바람막이 삼아 간신히 구명보트를 준비하고 돛을 내렸다. 그러나 모래톱에 바위가 많아 섬에 다가갈 수 없었다. 우리는 닻을 던져 겨우 표류를 막고 바위에 부딪치는 것을 면할 수 있었다.

18-20 이튿날, 다시 물결이 높아진 데다 폭풍우에 배가 큰 손상을 입어, 우리는 배 밖으로 짐을 던졌다. 사흘째 되는 날에는 선원들이 장비와 식료품까지 내던져 배를 좀 더 가볍게 했다. 해와 별을 보지 못한 지 벌써 여러 날이었다. 바람과 파도가 사정없이 우리를 때렸고, 우리는 구조되리라는 희망마저 잃고 말았다.

21-22 식욕도 삶의 의욕도 잃어버린 지 오래될 즈음에, 바울이 우리 가운데 서서 말했다. "여러분, 여러분이 크레타에서 내 말을 들었더라면 이 모든 고생과 시련을 피할 수 있었을 것입니다. 그러나 지금부터 상황이 호전될 테니, 지난 일에 연연할 것 없습니다. 우리 가운데 단 한 사람도 물에 빠져 죽는 일은 없을 것입니다. 하지만 배도 무사할 것이라고는 말 못하겠습니다. 배는 파선할 것입니다.
23-26 지난밤에 내가 섬기는 하나님의 천사가, 내 곁에 서서 말했습니다. '바울아, 포기하지 마라. 너는 장차 황제 앞에 설 것이다. 너와 함께 항해하는 사람들도 모두 무사할 것이다.' 그러니 사랑하는 친구 여러분, 용기를 내십시오. 나는 하나님께서 내게 말씀하신 그대로 행하실 것을 믿습니다. 그러나 우리는 한 섬에 난파될 것입니다."
27-29 열나흘째 되는 날 밤에, 우리는 아드리아 해 어디쯤에서 표류하고 있었다. 자정 무렵에 선원들은 배가 육지 가까이로 다가가고 있음을 직감했다. 수심을 재어 보니 약 40미터였고, 잠시 후에는 약 30미터였다. 그들은 배가 좌초될까 두려워, 닻을 네 개 내리고 어서 햇빛이 나기를 빌었다.
30-32 선원들 가운데 몇 사람이 배에서 탈출하려고 했다. 그들은 뱃머리에서 닻을 더 내리는 척하면서 구명보트를 내렸다. 바울이 그들의 속셈을 꿰뚫어 보고는 백부장과 병사들에게 말했다. "이 선원들이 배에 남아 있지 않으면 우리는 다 빠져죽을 것입니다." 그러자 병사들이 구명보트의 줄을

끊어 그냥 떠내려가게 했다.

33-34 동틀 무렵, 바울이 사람들을 모두 불러 모아 아침식사를 권했다. "우리가 음식 없이 지낸 지 벌써 열나흘이 되었습니다. 아무도 음식 생각이 없었습니다! 하지만 이제 뭘 좀 먹어야 합니다. 기력이 있어야 구조도 되지 않겠습니까. 여러분은 상처 하나 입지 않고 여기서 벗어날 것입니다!"

35-38 그는 빵을 떼어 하나님께 감사하고, 모두에게 돌렸다. 다들 실컷 먹었다. 모두 이백칠십육 명이었다! 사람들이 다 배부르게 먹고, 남은 곡식은 바다에 버려 배를 가볍게 했다.

39-41 날이 밝았으나, 아무도 그 땅이 어디인지 알아보지 못했다. 그때 근사한 해안이 펼쳐진 만(灣)이 눈에 들어왔다. 그들은 해안가에 배를 대기로 하고, 닻줄을 자르고 키를 풀고 돛을 올리고 순풍을 받아 해안으로 향했다. 그러나 뜻대로 되지 않았다. 아직도 해안가로부터 꽤 먼데, 배가 암초와 충돌해 부서지기 시작했다.

42-44 병사들은 죄수들이 헤엄쳐 탈출하지 못하도록 그들을 죽일 작정이었다. 그러나 백부장이 바울을 구하기 위해 병사들을 막았다. 그는 누구든지 헤엄칠 줄 아는 사람은 물속으로 뛰어들어 헤엄쳐 가고, 나머지 사람들은 나무 조각을 붙잡으라고 명령했다. 다들 무사히 해안에 닿았다.

28

1-2 인원을 점검해 보니, 모두가 무사했다. 우리가 있는 곳이 몰타 섬이라는 것을 알았다. 그곳 원주민들이 우리에게 특별히 친절을 베풀어 주었다. 비가 오고 날이 추워서 우리가 흠뻑 젖자, 그들은 큰 불을 피우고 그 주위에 우리를 모이게 했다.

3-6 바울도 힘껏 거들기 시작했다. 그가 나뭇가지 한 다발을 모아다가 불에 넣자, 불 때문에 깨어난 독사가 그의 손을 물고 놓지 않았다. 원주민들은 바울의 손에 매달린 뱀을 보고, 그가 살인자여서 응분의 벌을 받는 것이라고 단정했다. 바울은 손을 털어 뱀을 불 속에 떨어 버렸다. 그는 물리기 전과 다름없이 멀쩡했다. 그들은 그가 급사할 것으로 예상했다가 그런 일이 일어나지 않자, 이번에는 그가 신이라고 단정했다!

7-9 그 섬의 지역 추장은 보블리오였다. 그는 우리를 손님으로 자기 집에 맞아들여서, 몸도 녹이고 사흘 동안 편히 묵게 해주었다. 마침 보블리오의 아버지가 고열과 이질로 앓아누워 있었다. 바울이 노인의 방에 들어가서 안수하고 기도하자, 그의 병이 나았다. 그가 나았다는 소식이 순식간에 퍼졌고, 이내 그 섬의 병든 자들이 와서 고침을 받았다.

로마

10-11 우리는 몰타에서 석 달 동안을 아주 잘 지냈다. 그들은 우리를 극진히 대접해 주었다. 모든 쓸 것을 채워 주고, 남

은 여정에 필요한 장비까지 챙겨 주었다. 그곳 항구에서 겨울을 난 이집트 선박이 이탈리아로 떠날 준비가 되어, 우리도 그 배에 올랐다. 그 배의 머리에는 쌍둥이자리, 곧 '천상의 쌍둥이'가 조각되어 있었다.

12-14 배는 수라구사에 사흘 동안 정박해 있다가, 해안을 따라 레기온으로 올라갔다. 이틀 후에, 우리는 남풍을 힘입어 나폴리 만에 입항했다. 거기서 우리는 그리스도인 동료들을 만나 일주일 동안 함께 지냈다.

14-16 그 후에 우리는 로마로 갔다. 로마의 동료들이 우리가 온다는 소식을 듣고 마중을 나왔다. 그 가운데 한 무리는 아피온 광장까지 나왔고, 다른 무리는 '세 막사'라는 곳에서 우리를 맞았다. 짐작하듯이, 그것은 감정을 주체할 수 없는 만남이었다. 바울은 찬양이 흘러넘쳐, 감사의 기도로 우리를 인도했다. 우리가 로마에 들어가자, 그들은 바울이 그를 지키는 병사와 함께 개인 숙소에서 생활하게 해주었다.

17-20 사흘 후에, 바울은 유대인 지도자들을 불러 모아 자기 집에서 모임을 가졌다. 그가 말했다. "예루살렘의 유대인들이 혐의를 날조해 나를 체포했고, 나는 로마 사람들의 손에 수감되었습니다. 분명히 말하지만, 나는 유대인의 율법이나 관습에 어긋나게 행동한 것이 전혀 없습니다. 로마 사람들은 혐의 내용을 조사해 사실무근인 것이 밝혀지자, 나를 풀어 주려고 했습니다. 그러나 유대인들이 맹렬히 반대해서 나는 어쩔 수 없이 황제에게 상소했습니다. 내가 그렇

게 한 것은, 그들의 잘못을 고발하거나 로마를 상대로 우리 민족을 곤란에 빠뜨리려는 것이 아닙니다. 그런 문제라면 우리는 이미 겪을 만큼 겪었습니다. 나는 이스라엘을 위해 그렇게 했습니다. 오늘 내가 여러분에게 이 말을 들려주는 것은, 내가 이스라엘의 적이 아니라 이스라엘 편임을 분명히 하려는 것입니다. 내가 여기 잡혀 온 것은, 멸망이 아니라 소망을 위해서입니다."

21-22 그들이 말했다. "우리는 아무한테서도 당신에 대해 경계하는 편지를 받지 못했습니다. 여기에 와서 당신을 나쁘게 말한 사람도 없었습니다. 다만, 우리는 당신의 생각을 더 들어 보고 싶습니다. 그리스도인이라는 이 분파에 대해 우리가 아는 것이라고는, 이 분파를 좋게 말하는 사람이 아무도 없다는 것뿐입니다."

23 그들은 시간을 정했다. 그날이 되자, 그들이 많은 친구들과 함께 바울의 집에 다시 모였다. 바울은 아침부터 저녁까지, 온종일 그들에게 하나님 나라에 관한 모든 것을 설명했다. 그리고 모세와 예언자들이 예수에 대해 기록한 것을 짚어 가며, 그들 모두를 힘써 설득했다.

24-27 그들 가운데 어떤 이들은 그의 말에 설득되었으나, 다른 이들은 한 마디도 믿으려 하지 않았다. 믿지 않는 이들이 서로 시비를 걸며 말다툼을 시작하자, 바울이 끼어들었다. "여러분에게 한 말씀만 더 드리겠습니다. 성령께서 예언자 이사야를 통해 우리 조상에게 말씀하실 때, 그분은 이것을

분명히 알고 계셨습니다.

이 백성에게 가서 이렇게 말하여라.
"너희가 귀로 듣겠으나
한 마디도 듣지 못할 것이요,
눈으로 보겠으나
하나도 보지 못할 것이다.
이 사람들은 머리가 꽉 막혔다!
그들은 듣지 않으려고
손가락으로 귀를 틀어막는다.
보지 않으려고
나와 얼굴을 맞대어 내 치료를 받지 않으려고
두 눈을 질끈 감는다."

28 여러분에게는 이미 기회가 있었습니다. 다음은 이방인들
차례입니다. 내가 장담합니다. 그들은 두 팔 벌려 받아들일
것입니다!"
30-31 이 년 동안 바울은 셋집에서 살았다. 그는 찾아오는 사
람 누구나 맞아들였다. 바울은 긴박한 마음으로 하나님 나
라의 일을 모두 전하고, 예수 그리스도에 관해 모든 것을 설
명했다. 그의 집 문은 항상 열려 있었다.